Peter Luyendyk
Zwischen den Welten
Erzählungen und Kurzgeschichten

Uni**Scripta** Verlag
www.uniscripta.de

Zum Buch

Bei Peter Luyendyks Erzählungen und Kurzgeschichten taucht man in eine fremde Welt ein, in der man sich sofort wohlfühlt.

Erstaunlich, wie der Niederländer das Jonglieren mit Wörtern perfektioniert hat und die Orientierung beim Schreiben nie verliert.

Feinfühlig, mit spitzer Feder und mit einer Portion saftigem Humor garniert er federleichten Nonsens mit zärtlichen Geschichten. Seine Geschöpfe sind Alltagsmenschen, jung und alt, arm und reich, kriminell und integer. Er führt seine Leser unterhaltsam durch irrwitzige Situationen und nimmt sie mit auf einer Achterbahnfahrt von gemischten Gefühlswelten.

Angst vor Tabus kennt er nicht. Er schildert nicht nur die positiven Erfahrungen mit demenztiell betroffenen Personen, sondern führt uns zum Beispiel auch vor Augen, warum Moral und Unmoral nicht so einfach zu trennen sind. So spannend und klug er erzählt, so geschickt setzt er seine Pointen ein.

Peter Luyendyk arbeitete zunächst als Foto-Journalist in England und Frankreich. Später ging er nach Deutschland und wechselte dort in den Vertrieb eines internationalen Duty-free-Unternehmens, bevor er den Sprung in die Selbstständigkeit wagte.

Angeregt durch Erfahrungen und Erlebnisse auf seinen zahlreichen beruflichen und privaten Reisen rund um den Globus, begann Peter Luyendyk zu schreiben. Er verfasst überwiegend Kurzgeschichten und hat auch mehrere Kriminalromane geschrieben. Durch die Teilnahme an kreativen Schreibseminaren, u.a. an der Frankfurter Universität, verfeinerte der Autor seinen Schreibstil. Peter Luyendyk lebt in Hofheim/Ts., ist verheiratet und hat drei Söhne.

Peter Luyendyk

Zwischen den Welten

Erzählungen und Kurzgeschichten

UniScripta

1. Auflage
Uni**Scripta** Taschenbuch 2012

Umschlaggestaltung: Thomas Gessner, Art Director
Umschlagfoto: Peter Luyendyk
Druck und Herstellung: Offset- und Digitaldruck Lindemann,
Offenbach/Main
Printed in Germany
ISBN 978-3-942728-11-9

www.uniscripta.de

Inhalt

Mord in Hofheim

Der hagere Herr saß an einer Hainbuche am Hang des Hundshager Wegs in Hofheim.

Die Hände lagen in seinem Schoß.

Adrian Ullrich war tot!

Der Winter war in diesem Jahr bisher besonders hart gewesen. Der Zeitungsausträger, der Ullrich am frühen Morgen fand, wollte kurz austreten und wäre fast über die Leiche gestolpert. Erst im letzten Moment bemerkte er die undefinierbare dunkle Masse vor sich. Er leuchtete sie mit seiner Taschenlampe an und erblickte den leblosen Körper. Der Baum, an dem er lehnte und sein Körper schienen in ihrer milchweißen Farbabstufung fast eine Einheit zu sein. Sie verschmolzen im Raureif. Die Augen des Mannes standen weit offen. Der Student vergaß sein ursprüngliches Vorhaben, rannte sofort zum nächsten Haus und klingelte Sturm. Ein Fenster über der Tür ging auf: „Was soll das? Es ist mitten in der Nacht, spinnst du?“

„Entschuldigung, es ist etwas passiert, ich habe kein Telefon dabei. Nebenan auf der Straße sitzt ein Mann, ich glaube, dass er tot ist. Könnten Sie bitte die Polizei rufen.“

Hauptkommissar Christian Böhm von der Hofheimer Kriminalpolizei rieb sich die Hände. Die kurze Fahrt hatte nicht gereicht, das Innere des Wagens aufzuwärmen. Böhm gab den Kollegen, die den Fundort abgesperrt hatten und ihn kurz informierten, die Hand. Der Arzt war auch schon da. Die Männer begrüßten sich flüchtig. Böhm mochte Dr. Peters nicht besonders, da er gerne ausweichende Antworten gab und häufig mit medizinischen und anderen Fremdwörtern angab. Der Mediziner schien die Wörter Todeskampf und Bluterguss noch nie gehört zu haben. Agonie und Hämatom passten viel besser in sein Repertoire.

„Guten Morgen, Doktor, wie weit sind Sie?"

„Guten Morgen, Herr Böhm, unverkennbar eine Hypothermie. Ob sie zum Exitus geführt hat, kann ich Ihnen noch nicht sagen."

„Gut, vielen Dank. Wie sagten Sie? Einen Hypo … gibt' s die Viecher nicht in Afrika?

„Eine Hypothermie, Herr Böhm, eine Unterkühlung."

„Aha, interessant, darauf wäre ich nie gekommen, Doktor."

Der Arzt schaute den Polizisten unschlüssig an, brummte ‚populus barbarus' in seinen Bart und machte weiter. Böhm beugte sich über den Toten. Trotz der Kälte roch er intensiv nach Rum.

Inzwischen war Böhms Kollege, Oberkommissar Karl Rödder, zu der kleinen Gruppe gestoßen.

„Morgen Christian, wie sieht' s aus. Brauchen wir die Leute von der Spurensicherung?"

Böhm schaute sich den Personalausweis des Toten an.

„Morgen, Karl. Es sieht alles sehr eindeutig aus, der Mann hat offensichtlich zu viel getrunken und ist wohl erfroren. Ich möchte trotzdem gerne wissen, wieso er in der Kälte mit einer Pulle durch die Gegend gelaufen ist. Dies ist ein gutes Wohnviertel, und hier oben gibt es keine Kneipen. Er wohnte in der Nähe und sieht nicht wie ein Penner aus. Wieso hat er es nicht mehr nach Hause geschafft? Lass die Spürnasen mal kommen. Eine Autopsie kann auch nicht schaden.“

„Gut, dann fahren wir ins Büro. Ich schreibe den Bericht und du klärst die Obduktion mit der Staatsanwaltschaft.“

Langsam färbte das blasse Rot des Horizonts den dunklen Himmel heller.

Kurz nach acht schaute sein Kollege auf die Uhr: „Christian, die Mails sind raus. Ich brauche jetzt mein Frühstück, und wie ich meine Frau kenne, steht das bereits auf dem Tisch, wenn ich nach Hause komme.“

Unwillkürlich zuckte Böhm die Schultern: „Ach, wenn meine das auch mal gemacht hätte …“

Rödder ging nicht auf den Satz ein. Er wusste, wie lange sein Kollege für die Erkenntnis gebraucht hatte, sich endlich von dieser – seiner Ansicht nach - äußerst gewöhnungsbedürftigen Dame zu trennen.

Nachdem er seinen Bericht abschließend noch einmal kurz durchgelesen hatte, lief Christian langsam zum Auto. Statt den Motor zu starten, blieb er noch eine Weile sitzen und überlegte, ob er nach Hause fahren und sich dort selbst sein Frühstück machen oder sich sofort ins Bett legen sollte. Er entschied sich für die dritte Möglichkeit und fuhr zu Julita.

Julita betrieb ein kleines Café in der Innenstadt, das sie von morgens sieben bis zum späten Nachmittag geöffnet hatte. Sie war vor vielen Jahren mit einer Gruppe polnischer Saisonarbeiter zur Erdbeerernte gekommen. Die Ehe mit einem Krifteler Bauernsohn scheiterte nach wenigen Jahren. Die beiden trennten sich im Guten. Ihr ehemaliger Mann unterstützte sie finanziell weiter, damit sie sich selbstständig machen konnte. So war sie, mittlerweile 35 Jahre alt, zu dem kleinen schmucken Laden gekommen. Das Café lief gut, sie beschäftigte eine Angestellte und zwei Halbtagshilfen.

„Morgen, Julita, ist der Kaffee schon heiß?"

„Aber klar, Christian, du bist früh dran heute."

„Viel zu früh für einen alten Mann. Ich brauche übrigens etwas zum Frühstück, was kannst du mir bieten?"

„Habe Baguettes mit Käse, mit Schinken, mit Käse-Schinken, und dann noch die Brötchen und Kuchen."

„Wenn du die Baguettes wieder mit altem Gouda-Käse belegt hast, nichts wie her damit."

Julita lächelte ihn an, sie mochte den Polizisten. Er war anders als die meisten Kollegen. Er machte sich Gedanken. Er erzählte selten von sich, sondern interessierte sich für die anderen. Christian mochte Julita auch.

Er war jetzt ein gutes Jahr allein und hatte sich schon überlegt, sie zum Essen einzuladen. Letztendlich hatte er sich dann doch nicht getraut, der immer noch sehr attraktiven Frau, die 17 Jahre jünger war als er, so etwas vorzuschlagen. Dann war dieser Gerd aus Leipzig gekommen und Julita hatte sich in den Schriftsteller verliebt.

Nachdem sie ihm sein Frühstück gebracht hatte, setzte sie sich einen Moment zu ihm.

„Christian, ich habe einen Anschlag auf dich vor."

„Polizisten lieben Anschläge, so kommen sie endlich einmal wieder aus dem Büro raus."

„Nicht unbedingt, du könntest mich jetzt vorladen. Ich habe ja schon gestanden, dass ich den Anschlag plane."

Er mochte diese Spielchen mit ihr. Sie hörte immer genau zu und reagierte schnell und gescheit.

„Schieß los", sagte der Polizist.

„Na, na …Christian, das ist ja direkt eine Aufforderung zu einer kriminellen Handlung. Und das von einem Ordnungshüter. Das lässt tief blicken."

Ganz kurz legte er seine Hand auf die ihre und grinste.

„Ich muss bald zum Dienst, worum geht's?"

„Erinnerst du dich an Slawo, den Geiger, der früher nebenan gewohnt hat?"

„Klar, ein netter Typ. Der hatte nie Geld, war trotzdem immer gut drauf. Hast du ihm nicht manchmal die Brötchen und Kuchen vom Vortag geschenkt?"

„Genau, das ist er. Er scheint sich gemausert zu haben. Nächste Woche tritt er mit einem polnischen Kammerorchester in Frankfurt auf. Ich habe zwei Karten von ihm bekommen und habe gedacht, dass du vielleicht ... eventuell … mitkommst."

Ihr offenes Lächeln ließ Christians Herz hüpfen.

„Ja, gerne, Julita, … will dein Sachse etwa nicht mitkommen?"

„Glaube ich kaum, Christian. Gerd habe ich seit einem halben Jahr nicht mehr gesehen. Der wohnt nicht mehr bei mir."

„Ach, das wusste ich gar nicht!"

„Ja, hätte ich das vielleicht inserieren sollen?"

„Nein, ich meine nur …"

„Ist ja gut, die Polizei weiß auch nicht alles."

Beflügelt fuhr Christian Böhm ins Büro. Der Gedanke, mit Julita auszugehen, gefiel ihm immer besser. Nach dem kalten Anfang mit der eisigen Leiche wurde der Tag jetzt doch noch gut.

Es war nur wenige Wochen her, dass Adrian Ullrich sich frühmorgens von Dirk Binder vor der heruntergekommenen Kneipe am Stadtrand von Offenbach verabschiedet hatte. Es war kalt gewesen. Das Spiel hatte lange gedauert. Gegen drei hatte der Wirt die Tür leise geöffnet und sich in den Türrahmen gestellt. Er sagte nichts, aber schaute auffällig auf seine Uhr.

„Okay, Männer, das letzte Spiel. Der Chef will nach Hause“, sagte Adrian, während er die Karten gab.

Auch an diesem Abend hatte Dirk wieder verloren. Er hatte so viel wie noch nie verloren, obwohl er, statistisch gesehen, längst wieder eine Glückssträhne hätte haben sollen. Dabei hatte er ein unschlagbares Blatt gehabt. Einen Vierling – Four of the kind!

Dirk hatte sich ausführlich mit den mathematischen Möglichkeiten beschäftigt und wusste, dass man einen Vierling nur alle vier- bis fünftausend Spiele bekam, während man schon etwa siebzigtausend Mal spielen musste, bevor man einen Straight Flush erhielt. Und ausgerechnet im gleichen Spiel bekam Adrian diesen seltenen Flush. Einfach unglaublich! Dass zwei solcher Spiele zusammenfielen, dürfte in der Geschichte des Pokers wohl einmalig sein. Und das Einmalige wurde jetzt zu Dirks Schicksal!

Die Männer hatten noch einen Espresso an der Bar getrunken. Adrian hatte Dirk zur Tür begleitet: „Ja, mein Junge, es tut mir leid, das war eine echte Pechsträhne in den letzten Monaten. Wann zahlst du nun deine Schulden bei mir?“

„Adrian, hab bitte ein wenig Geduld. Das war kein Pappenstiel heute.“

„Zahle dann wenigstens erst einmal die 40.000 Euro, die bis jetzt aufgelaufen sind.“

„Die bekommst du bald.“

„Das höre ich jetzt schon seit Monaten. Warum zahlst du nicht, du hast doch einen guten Job?“

„Das Problem ist, dass ich so viele andere Ausgaben hatte. Die Heizung war kaputt, das Dach musste repariert werden, und die Alimente sind jeden Monat fällig. Hab keine Angst, du bekommst dein Geld schon."

Selbstverständlich erzählte er seinem Spielpartner nicht, dass er nicht nur in Offenbach, sondern auch regelmäßig in Frankfurt, Wiesbaden und Darmstadt spielte. Auch in illegalen Clubs und unter dem Strich immer verlustreich.

Sein Spielproblem hatte mit einem Gewinn angefangen. Dirk war vor vielen Jahren nach einer Betriebsfeier mit einem Kollegen im Kasino von Bad Homburg gelandet. Sie waren beide ein wenig angetrunken und hatten vereinbart, pro Person nicht mehr als hundert Euro auszugeben. Der Kollege hatte Roulette gespielt, während Dirk die einarmigen Banditen fütterte. Er gewann einige Münzen und verlor sie wieder.

Bei dem vorletzten Einsatz ertönte plötzlich eine Melodie aus dem Gerät, die Dirk nie mehr aus den Ohren gehen sollte. Während bunte Lämpchen aufleuchteten, kamen die umstehenden Spieler auf ihn zu und gratulierten ihm. Eine Angestellte der Spielbank bat ihn ins Büro des Direktors, bei dem er erfuhr, dass er den Jackpot gewonnen hatte. Bei seinem ersten Spielbankbesuch war Dirk um 50.000 Euro reicher geworden. Damals ahnte er noch nicht, dass dieser Gewinn ausschlaggebend für seine Spielsucht werden würde. Seit dieser Zeit spielte er fast jeden Tag. Seine Frau hatte sich schon vor Jahren scheiden lassen und die Kinder mitgenommen. Seine letzte Freundin war nach einem halben Jahr ausgezogen. Die Frauen hatten es einfach satt, wie Dirk nur noch Interesse für das Spiel hatte und sie und alles andere vernachlässigte.

Kurz nach Monatsanfang rief Adrian bei ihm an. „Wie sieht' s aus, Junge? Du hast mir mein Geld versprochen. Meine Geduld ist langsam aufgebraucht. Wenn ich nicht bis Ende der Woche mindestens 40 Riesen bekomme, kriegst du wirklich Ärger mit mir!"

Dirk wusste nicht mehr, was er tun sollte, er konnte Adrian nicht einmal tausend Euro zahlen.

Er versuchte es mit der Vogel-Strauß-Politik. Es schien zu funktionieren, denn er hörte nichts mehr von Adrian. Zwei Wochen später fuhr er mit knapp 500 Euro in der Tasche wieder in seine Darmstädter Kneipe.

Das Geld war schnell weg, und da er hier keinen Kredit hatte, verabschiedete er sich gegen Mitternacht. Er lief zum Parkplatz über den Hof. Bei seinem Auto angekommen, stockte ihm der Atem.

Das Dach seines geliebten Mercedes Coupé war vollständig verbeult, der Wagen hatte kein einziges Fenster mehr, die zerschnittenen Ledersitze und das zerkratzte Armaturenbrett waren voll von roter Farbe. Auch über dem Motorblock war Farbe verschüttet worden.

Auf dem Sitz lag ein zusammengefalteter Zettel: ‚Nächstes Mal wird's schlimmer!!! '

Dirk wusste sofort, wer dahintersteckte. Er versuchte, Adrian telefonisch zu erreichen. Adrian war entweder nicht da oder nahm nicht ab. Er versuchte es mit einer Mail.

Kurz darauf rief Adrian an: „Ich will bis Ende des Monats die 40.000 Euro, sonst wird es dir ähnlich gehen wie deinem Auto. Allerdings mit dem Unterschied, dass dieses Mal die rote Farbe keine Farbe sein wird. Eine Nachricht von dir mit Übergabe-Termin und Ort genügt."

Dirk versuchte ihn zu besänftigen, aber Adrian legte

einfach auf.

Wider besseres Wissen führte Dirk nochmals ein Gespräch mit seiner Bank, bei der er seinen Überziehungskredit schon voll ausgeschöpft hatte. Es war aussichtslos!

In der darauffolgenden Woche hing die einzige Partnerin, die es noch mit ihm aushielt, seine siamesische Katze, stranguliert an der Haustür.

Da wusste er, wie ernst es Adrian war.

Von einem ursprünglich begüterten Rentner in der Runde, der sich beim Spielen in kurzer Zeit um seine Lebensversicherung gebracht hatte, wusste Dirk, dass auch er hohe Schulden bei Adrian gehabt hatte. Der ältere Mann war kurz darauf unter ungeklärten Umständen vom Balkon seiner Wohnung gefallen. Dirks Angst schlug in nackten Zorn um. Er wusste, dass er etwas unternehmen musste.

Adrian und Dirk hatten sich vor einigen Jahren bei den Anonymen Alkoholikern kennengelernt. Sie hatten ihre Trinksucht durch Spielsucht ersetzt. Dirk war sich nach wie vor nicht sicher, ob Adrian falschspielte oder nur Glück hatte. Fest stand, dass es dem Mann gut ging. Wenn er verlor, war es immer relativ wenig. Bei den großen Potts sahnte er meistens ab.

Eines Abends schaute Dirk sich bei Ravioli aus der Dose einen Krimi an, bei dem ein gepanzerter Geldtransporter beraubt wurde und die Gerechtigkeit ausnahmsweise nicht siegte. Da beschloss er zu handeln.

Der Transporter hatte ihn auf eine Idee gebracht. In Eppstein hatte er vor vielen Jahren Volleyball gespielt. In der Nähe war ein Unternehmen für Kühlprodukte angesiedelt. Er hatte mitbekommen, dass die vielen Kühlautos der Firma abends auf dem Hof abgestellt wurden und gesehen, dass die Fahrer die Kühlaggregate an eine Steckdose anschlossen, damit ihre Waren frisch blieben.

In seinem alten Fiat, den Dirk im Tausch für sein ramponiertes Coupé bekommen hatte, beobachtete er, mit Fernglas bewaffnet, an mehreren Abenden das Gelände, auf dem die Kühlwagen parkten.

Nach vielen Stunden des Wartens hatte er Glück. Er sah, dass ein Fahrer seine Schlüssel in der Wagentür stecken ließ, während er offensichtlich mit seinem Privatwagen das Gelände verließ. Dirk war im Nu über den kleinen Zaun geklettert. Während er sich immer wieder umschaute, ob keine Angestellten das Gelände betraten oder der Fahrer gar wieder zurückkam, untersuchte er den Schlüsselbund genau. Der kleinste Schlüssel passte auf alle Türen zu den verschiedenen Laderäumen des Autos. Er öffnete den Bund, entnahm ihn und ließ die restlichen Schlüssel vor der Autotür auf den unebenen Boden fallen.

Er begutachtete seine Dekoration und war zufrieden. So sah es wirklich danach aus, als ob der Schlüsselbundring aufgegangen und dabei ein Schlüssel abhanden gekommen war.

Noch am Abend schrieb er Adrian eine Mail: „Vor Ende des Monats klappt es mit meinem Versprechen."

Adrian antwortete mit nur einem Satz: „Einverstanden, deine letzte Chance."

Jetzt hatte Dirk noch genau zwei Wochen Zeit. Er brauchte einen klaren Kopf und hoffte, dass es kalt bleiben würde. Sein Wunsch wurde erhört. Die Wettervorhersage für das kommende Wochenende war optimal. Trocken und kalt. Temperatur um 15 Grad unter dem Gefrierpunkt. Dirk schickte Adrian eine Mail: „Ich komme morgen Abend gegen zehn Uhr bei dir vorbei und bringe alles mit."

Wieder kam die knappe Antwort: „Einverstanden."

Pünktlich klingelte Dirk mit einer Tasche unterm Arm bei seinem Spielpartner am Kapellenberg in Hofheim. Er hatte einen dicken Parker und dünne Handschuhe an.

„Komm rein, es wurde ja Zeit, dass ich meine Moneten bekomme."

Dirk öffnete die Tasche und zog eine Pistole heraus. „Setz dich."

„Was soll das? Was soll der Scheiß?"

„Ich sagte, setz dich hin. Ich werde es dir erklären." Er griff wieder in seine Tasche und zog eine Flasche Rum heraus.

„Was soll der Mist?

„Wir trinken jetzt ein Glas auf alte Zeiten."

„Du weißt, dass ich nichts mehr trinke."

„Klar weiß ich das. Heute ist eine Ausnahme. Wir trinken auf mein neues Auto. Das alte wurde in Darmstadt so demoliert, dass ich mir ein anderes besorgen musste."

„Du kannst die Reparatur von deinen Schulden abziehen. Mensch, du hast überhaupt nichts unternommen. Irgendwas musste ich machen, damit du es kapierst."

„Ja, ja, ich habe schon verstanden." Dirk schenkte Adrian ein großes Glas Rum ein. „Trink, Brüderlein, trink."

„Nein, ich will nicht."

„Du willst nicht. Gut, dann wird es dir so gehen wie deinem PC." Dirk nahm die eiserne Schmiedelampe auf und zerschmetterte den Laptop.

„O.K., ist schon gut", sagte Adrian verängstigt. Er nahm einen Schluck und setzte das Glas wieder hin.

„Leer trinken, mein Freund."

„Das Zeug ist so stark, das vertrage ich nicht."

80 Prozent ist doch nichts für einen Mann im

besten Alter." Er hob die Stimme an: „Leer trinken, habe ich gesagt."

Mit zitternden Händen trank Adrian das Glas aus. Dirk füllte es sofort wieder. „Und weiter geht's, mein Lieber. Die Flasche muss leer werden."

„Was willst du eigentlich? Du bist ja verrückt!"

„Kann schon sein. Und jetzt wird brav ausgetrunken."

„Nein, ich mag nicht mehr."

Ohne zu zögern schlug Dirk mit voller Wucht mit der Pistole auf Adrians Knie, der laut aufschrie.

„Allein in einem großen Haus zu wohnen, hat bestimmt Vorteile. Der Nachteil allerdings ist, dass einen niemand hört. Das nächste Mal wird das andere Knie daran glauben müssen. Ich muss doch mal probieren, ob die Pistole überhaupt schießt."

Schnell griff Adrian zum Glas und trank es mit großen, unkontrollierten Zügen leer.

„Sehr gut, jetzt trinke ich auch ein Glas mit. Wo hast du Wasser?"

„In der Küche", sagte Adrian mit schwerer Stimme.

„Zeig es mir mal."

Unsicher stand Adrian auf und lief in die Küche. Dirk war direkt hinter ihm.

„Danke. Jetzt trinken wir weiter."

Er schob Adrian wieder zurück ins Zimmer.

„Was ... was willst du überhaupt von mir? Wenn's das Geld ist, das ... das ist nicht so eilig. Ich habe Zeit."

„Das Gefühl hatte ich nicht, du hast mein Auto kaputt gemacht und – was noch viel schlimmer ist, du hast meine Katze ermordet."

„Das war ich nicht, ich ..."

„Ja, ja, du weißt von nichts. Trink, sonst probiere ich meine Pistole wirklich aus."

Mit hastigen Zügen leerte Adrian das Glas.

„Du, du … Ku … Kumpel, vergiss die Sache einfach. Ich sch … schenke dir deine Schulden“, lallte er.

„Wir gehen jetzt, wo sind deine Schlüssel?“

Während Adrians Kopf hin- und her schaukelte, zeigte er mit seinem Kinn auf den Kamin.

„Da … drüben sind sie.“

„Nimm sie mit.“

Dirk steckte die halbvolle Flasche Rum sowie Adrians ramponierten Laptop ein und lief mit ihm die Treppe hinunter zur Garage. Er hatte seinen Wagen neben Adrians Auto geparkt und machte den Kofferraum seiner alten Kiste auf.

„Bitte einsteigen.“

„Du … du spinnst wirklich. Was … was hast du vor? Ich geb’ s dir … geb‘ s dir schriftlich. Schriftlich … geb ich es dir.“

„Was gibst du mir schriftlich?“

„Da …dass ich auf dein … dass ich auf mein Geld ver … verzichte.“

Dirk richtete die Pistole wieder auf den jetzt schwer angetrunkenen Mann: „Zu spät, mein Freund, steig ein.“

„Nein, ich will ni … nicht.“

Dirk richtete die Pistole auf Adrians Kopf. „Ich zähle bis drei …!“

Im Zeitlupentempo kroch Adrian angstschlotternd in den Kofferraum. Dirk schloss ihn zu und startete das Auto.

Nicht einmal eine Viertelstunde später erreichten sie das Ziel. Dirk parkte das Auto so, dass es von der Straße aus nicht gesehen werden konnte und gelangte mühelos auf den Hof. Der Kühlwagen, dessen Schlüssel er besaß, stand wie immer auf seinem Platz. Schnell öffnete er die Tür neben dem Fahrerhaus und bekam einen Riesenschrecken. Der Raum war nicht gekühlt! Mit zitternden Fingern machte er die nächste Tür auf. Dieser Raum war zwar gekühlt, aber randvoll mit Waren. Das vorletzte Abteil des Autos erschien ihm geeignet. Er legte die Tiefkühlkostpackungen auf eine Seite und entfernte das Regal, auf dem sie gelegen hatten. Er machte einen Schritt zurück, um sich den freien Raum anzusehen. Ja, das müsste reichen.

Er lief wieder auf sein Auto zu und öffnete den Kofferraum.

„Komm nach vorne, mein Freund, wir trinken erst noch mal ein Gläschen, bevor du schlafen gehst."

„Wie … wie … meinst … du das?"

„Nur Geduld, wirst du alles schon sehen."

Und wieder trank Adrian. Die Flasche war jetzt beinah leer.

„Ich … ich … du … ka … ka … kannst haben, was … du willst", lallte er.

„Na umso besser, ich will, dass du mit mir mitkommst. Es ist nicht weit."

Er führte Adrian zum Kühlwagen und öffnete eine Tür. „Bitte, nach dir!"

„Wa … soll … soll denn das …das werden? Das ist viel … viel zu eng für mich."

Mühelos schob Dirk das Leichtgewicht in den Wagen hinein, verriegelte die Tür und setzte sich wieder in sein Auto.

Nach einer halben Stunde machte er das Fenster auf und horchte: Nichts! Obwohl ihm kalt war, ließ er das Fenster auf. Er bildete sich ein, einmal ein schwaches Trommeln von Adrians Fäusten auf das Blech zu hören, aber vielleicht hatte er sich auch getäuscht. Dann war es wieder still.

Trotzdem wartete Dirk noch eine ganze Weile, bevor er die Tür des Kühlwagens aufmachte. Er nickte zufrieden, inspizierte das Wageninnere genau und steckte die beiden Packungen mit Tiefkühlgemüse, die am Boden lagen, zu der Pistole in seiner Tasche. Zum privaten Gebrauch, er liebte schnelle Gerichte und ernährte sich hauptsächlich von Dosen und aus der Kühltruhe.

Anschließend zog er Adrians Leiche heraus, verfrachtete sie in sein Auto und fuhr wieder zurück. Langsam fuhr er durch das nächtliche Hofheim. Nicht einmal 500 Meter von Adrians Haus entfernt, lud er den Toten ab und lehnte ihn am Straßenrand an einen Baum. Er kontrollierte sämtliche Taschen des Toten genau, nur das Portemonnaie und die Hausschlüssel ließ er an ihrem Platz. Zum Schluss drückte er ihm die fast leere Flasche in die Hand und fuhr zufrieden nach Hause.

Christian Böhm beschloss, auch am nächsten Morgen bei seiner hübschen Polin zu frühstücken. Sie war allein und las die Zeitung.

„Morgen, Julita, ich wollte mich nur vergewissern, ob ich das mit deiner Einladung heute Nacht geträumt habe oder ob ich schon an Halluzinationen leide?“

„Eh, was … Entschuldigung, habe nicht richtig zugehört. Ich bin so baff von der Geschichte.“

„Welche Geschichte?“

Sie zeigte ihm den Artikel auf der ersten Seite. „Na, die vom dem erfrorenen Mann. Ich kannte ihn.“

„Wieso kanntest du ihn?“

„Er war ein paar Mal hier. Meistens kurz nachdem ich aufmachte. Vor zwei, drei Wochen habe ich ihn noch gesehen. Er hatte einen Kaffee getrunken und eine Kleinigkeit gegessen. Er sah ziemlich kaputt aus. Er sagte noch, dass er beim Wiesbadener Kreuz hinter dem Steuer beinahe eingeschlafen wäre und er jetzt ins

Bett ginge."

„Und warum bist du so baff?"

„Weil er laut Zeitungsbericht alkoholisiert war und erfroren ist. Das kommt mir komisch vor."

„Wieso?"

„Weil er kein Trinker war, Christian. Ich kenne die Typen. Der Mann war zwar immer müde, aber ich habe ihn nur nüchtern erlebt."

„Tja, das kann in der Nacht eben anders gewesen sein …"

„Sicher, es ist alles möglich."

Beim Betreten des Büros am frühen Montagmorgen hatte er Julitas Satz immer noch in den Ohren. Wenn der Mann kein Trinker war, wieso hatte er in der Nacht getrunken? Und vor allem, wieso so viel, dass er nicht mehr die Kraft hatte, nach Hause zu gehen?

Er setzte sich mit Karl Rödder zusammen.

„Karl, habt ihr schon etwas über den Erfrorenen herausgefunden?"

„Ja, haben wir. Dieser Ullrich war kein unbeschriebenes Blatt. Er war vorbestraft wegen illegalen Glückspiels und Körperverletzung. Er hatte mal drei Kneipen in der Stadt, sämtliche Lizenzen wurden ihm entzogen. Außerdem war er Alkoholiker."

„Wieso weißt du das?"

„Steht alles im Bericht. Seine Sauferei wurde wohl strafmindernd angerechnet bei der Körperverletzungsgeschichte. Scheint tatsächlich ein klarer Fall zu sein."

„Ja, Karl, sieht so aus. Ich checke das nur noch mit unserem Herrgott in Weiß und dann schließen wir die Sache."

Er angelte das Telefon und rief Dr. Peters in der Gerichtsmedizin an.

„Guten Morgen, werter Herr Doktor, wie sieht es

mit dem Autopsie-Bericht des erfrorenen Mannes aus?"
„Wird heute noch gemacht. Sollten Sie morgen in der Post haben."

„Und, gab' s etwas Besonderes?"

„Nein, Herr Böhm, wie ich schon sagte: eine Hypothermie, der Mann ist schlicht und einfach im Rausch erfroren. Keine Intoxikation, keine äußeren Verletzungen, nur ein großes Häma … eine große Beule an der Patella. Entschuldigung, an der Kniescheibe, wollte ich sagen. Na ja, mit 3,5 Promille im Blut kann das leicht passieren. Eindeutiger Fall. Steht alles im Bericht. Ich wünsche frohes Schaffen. Carpe Diem."

„Do widzenia, Herr Doktor."

„Wie bitte?"

„Ach, entschuldigen Sie. Ich wollte nur Tschüss sagen."

Am nächsten Tag überflog Böhm den Bericht. Er wollte ihn schon weglegen, als ihm ein Gedanke kam. Er blätterte nochmals zurück. Neben Resten eines Nudelgerichts und weißen Bohnen war im Magen des Verstorbenen unter anderem auch ein Stückchen Pappe gefunden worden. Der Kommissar griff wieder zum Telefon.

„Herr Doktor Peters, ich bin' s nochmal. Was war das für ein Stück Pappe, dass Sie bei der Obduktion gefunden haben?"

„Es sah aus wie ein Stück einer Verpackung. Wahrscheinlich waren die Bohnen oder die Spaghetti darin und der Mann hat es im Suff einfach mitgegessen."

„Ja, ja, vielen Dank."

Er wartete auf die obligatorische lateinische Verabschiedung des Akademikers. Sie blieb dieses Mal aus. Vielleicht hatte seine polnische Verabschiedung doch

Spuren hinterlassen.

Auch am Abend musste Böhm immer noch an Julitas Worte denken: ‚Der Mann war kein Trinker'.

Am nächsten Tag war Karl Rödder schon früh im Büro. Christian setzte sich zu ihm: „Karl, warst du schon einmal richtig besoffen?"

„Na ja, damals beim Bund konnte ich schon eine Menge vertragen. Zehn, zwölf Bier haben mir nichts ausgemacht. Aber richtig besoffen? Nein, eigentlich nicht. Ich wusste immer noch, was ich tat. Wieso willst du das wissen?"

„Nun, du hast ja den Bericht gelesen, es interessiert mich, ob man so blau sein kann, dass man Pappe frisst?"

Schwer zu sagen, vielleicht war er so zu, dass er es gar nicht gemerkt hat."

„Ist schon möglich."

Nach der Mittagspause rief er Dr. Peters nochmals an: „Herr Doktor, kann ich mir das Stück Pappe einmal ansehen?"

„Salve, Herr Böhm, wenn's Ihnen Spaß macht. Kommen Sie am besten sofort, ich bin nur noch eine Stunde da."

Wenig später beugte sich Böhm über das kleine Stückchen Pappe, dass man im Magen des erfrorenen Mannes gefunden hatte. Es sah wenig appetitlich aus.

„Haben Sie eine Lupe, Herr Doktor?"

Der Arzt überreichte sie ihm wortlos.

„Interessant, es stehen Zahlen drauf."

„Es könnte der Teil eines Verfallsdatums sein."

„Sieht tatsächlich danach aus, und was bedeutet die halbe Nummer darunter?"

„Keine Ahnung, vielleicht eine Artikel-Codierung?"

„Macht man das heute nicht mit EAN Codes?" „Ja, glaube ich schon, vielleicht steht der an einer anderen

Stelle?“

„Ist schon möglich. Kann ich eine Kopie von der Pappe bekommen?“

„Selbstverständlich, ich lasse Ihnen eine machen. Was wollen Sie bloß damit anfangen? Als corpus delicti kommt ein solcher Zettel wohl nicht in Frage.“

„Nein, sicherlich nicht. Trotzdem, vielen Dank für Ihre Hilfe.“

Kurz nach Dienstschluss betrat Böhm Hofheims renommiertestes Einzelhandelsgeschäft. Er wies sich aus und zeigte der Verkäuferin im Biobereich die Kopie der Pappe. Die freundliche und hilfsbereite Dame schaute sich die Zahlen genau an. Nein, damit könne sie nichts anfangen. Aber eventuell könne ihr Kollege helfen, der wäre schon 35 Jahre bei der Firma und wüsste alles. Sie lief mit Böhm nach vorne und führte ihn in ein kleines Büro. Der Mitarbeiter betrachtete die Kopie genau. Er war sich schnell sicher, dass die Pappe wahrscheinlich von einer Tiefkühlverpackung stamme, die allerdings nicht im Sortiment des Hauses geführt wurde. Immerhin klärte er Böhm auf, was es mit den Zahlen auf der Lasche auf sich hatte: Es handelte sich um Verfallsdatum, Bezeichnung der Produktionsstätte und eine Identifizierungsnummer, mit deren Hilfe man sehen konnte, wann das Produkt geliefert und zu welchem Zeitpunkt es in welchen Mengen verkauft wurde.

Am nächsten Tag forschte Böhm nach Firmen, die Tiefkühlkost in Verpackungen verkauften und vereinbarte noch am gleichen Tag einen Termin mit einem der größten Unternehmen in der Branche. Ein für die Niederlassung zuständiger Angestellter empfing ihn persönlich und beantwortete seine Fragen geduldig und ausführlich. Böhm erfuhr bei der Gelegenheit, weshalb gefrorenes Obst und Gemüse so vitaminreich seien. Auch das Sozial- und Umweltengagement der Firma beeindruckten ihn. Als Böhm dem Mann das Foto von der Pappe zeigte, bat er den Kommissar um ein wenig Geduld und setzte sich an seinen PC. Nicht einmal eine Minute später stand er lächelnd auf. „Das war eine leichte Übung, Herr Kommissar, das Stück Pappe ist Teil der Verschlusslasche einer 500-Gramm Spinatverpackung, die im letzten Monat hergestellt wurde und seit einigen Wochen durch uns an die Geschäfte ausgeliefert wird."

Nachdenklich fuhr Böhm ins Kommissariat zurück. Irgendetwas passte ganz und gar nicht in die Geschichte. Mit einem Becher Kaffee in der Hand lief er zu Rödders Büro.

„Karl, vielleicht liege ich vollkommen daneben, aber ich habe so' n komisches Gefühl bei dem erfrorenen Alkoholiker. Er hatte Bohnen und Nudeln gegessen. Und was findet man in seinem Magen: Teile einer Spinatverpackung.

Ich weiß, dass die Kollegen sich seine Wohnung schon angesehen und nichts Außergewöhnliches gefunden haben. Keine Hinweise auf Suizid, nichts was auf eine unnatürliche Todesursache hindeutet. Ich möchte mir die Wohnung trotzdem nochmal selbst ansehen. Kommst du mit? Ich besorge mir die Hausschlüssel."

Böhms Auto war noch warm, als sie zu der Wohnung von Adrian Ullrich aufbrachen. Sie staunten nicht schlecht, als sie das geräumige Einfamilienhaus erblickten und die Tür aufschlossen.

. Im Wohnzimmer kam ihnen eine schlanke junge Frau mit einem Eimer Wasser entgegen. Sie schaute die beiden Polizisten an und zog die Brauen hoch. „Oh, hab ich die Tür offen gelassen? Sind Sie mit Herrn Ullrich verabredet?“

Böhm stellte sich und seinen Kollegen vor.

„Von der Polizei sind Sie? Ist etwas passiert?“

„Ja“, sagte Böhm. „Herr Ullrich ist verstorben. Wussten Sie das nicht?“

„Herr Ullrich ist was …? Er ist tot? Nein, das ist doch nicht wahr? Ich ... ich weiß nicht, was ich sagen soll. Das habe ich nicht gewusst. Ich bin erst gestern Abend mit meiner Tochter aus Kroatien zurück gekommen. Mein Bruder hat geheiratet. Mein Gott, Herr Ullrich ist tot – ich kann es immer noch nicht fassen.“

Sie zögerte kurz, setzte sich dann unentschlossen auf die Couch und schnäuzte sich geräuschvoll in ein Taschentuch. Offensichtlich war sie über den Tod ihres Arbeitgebers entsetzt.

„Herr Ullrich wurde auf der Straße erfroren aufgefunden. Hat Ihr Mann das auch nicht gewusst?“

„Mein Mann ist schon seit langem tot.“

„Oh, entschuldigen Sie, das wusste ich nicht. Sie sind noch so jung.“

„Ja, so etwas passiert leider auch jungen Menschen.“

„Halten Sie das Haus von Herrn Ullrich regelmäßig in Ordnung?“

„Ja, schon seit ein paar Jahren.“

Sie schaute starr auf den Putzeimer vor ihr: „Das heißt wohl, dass ich keinen Job mehr habe…?“

„Das sieht leider ganz so aus.“

Nachdem die Polizisten die persönlichen Daten der Frau notiert hatten, verabschiedeten sie sich von ihr.

Sie war schon fast an der Tür, als Böhm sie noch einmal zurückrief: „Entschuldigen Sie, eine Frage noch, haben Sie Herr Ullrich je betrunken gesehen?“

„Nein“, sagte sie, „ich arbeite zwar erst seit zwei Jahren bei ihm, aber betrunken habe ich ihn noch nie erlebt.“

Sie käme um elf und ginge um zwei. Manchmal hätte sie ihn überhaupt nicht gesehen, denn er hätte viel geschlafen und lag häufig noch im Bett, wenn sie nach Hause ging. Ja, müde war er oft gewesen. Ob das der Grund gewesen sei, dass er einfach auf der Straße eingeschlafen war …?

Ullrichs Haus war karg möbliert. Drei Räume schienen bewohnt, eines als Schlafzimmer, eines als Wohnzimmer und der kleinste Raum als Arbeitszimmer. Die Möbel waren fantasielos, und Couch und Sessel hatten schon bessere Tage gesehen. Drei weitere Räume standen leer. Die Fenster hatten Rollos und keine Gardinen. Eine weibliche Hand hatte bei der Dekoration der Wohnung eindeutig gefehlt, sie war ungemütlich.

Was suchen wir hier eigentlich, Christian?“ „Wenn ich das wüsste, Karl. Es ist eben so’n Gefühl. Ich kann‘s dir nicht erklären. Checken wir das Büro doch mal.“

Nach und nach gingen die beiden Polizisten die Papiere durch, die sie in den Schubladen fanden. Das meiste war für sie unwichtig. Zuletzt lagen nur noch zwei handgeschriebene Zettel vor ihnen. Der Erste zeigte eine Reihe mit fünf weiblichen Vornamen mit Telefonnummern, auf dem anderen Papier fand sich eine Reihe von handgeschriebenen Buchstaben mit Zahlen:

W.H.	-	*~~5,6 M~~*
A.R.	-	*~~51,4 M~~*
A.K.	-	*13,8 M*
D.B.	-	*79,4 M*
R.S.	-	*2,9 M*
K.C	-	*32.0 M*
K.S.	-	*20,2 M*

Die erste und die zweite Zahl waren rot durchgestrichen. Um die dritte und vierte Zahl war ein Kreis gemalt. Die beiden Männer schauten sich an. Christian sprach zuerst: „Hast du eine Idee?“

„Na ja, die Buchstaben könnten Initialen sein, aber was die Meter dahinter zu suchen haben, weiß ich wirklich nicht. Sind das Wasserstände?“

Christian lachte laut: „Vielleicht sind das keine Meter, sondern Mille. Der Mann war doch früher im illegalen Glücksspiel involviert. Es könnten Schulden sein.“

„Du könntest recht haben. Wenn du die Zahlen addierst, wären das gut 200.000 Euro. Wir sollten herausfinden, ob er immer noch in dem Milieu tätig war. Ich übernehme das und haue den Jupp an. Das ist der richtige Mann für solche Informationen. Der schuldet uns sowieso noch etwas.“

Bevor er die Tür hinter sich schloss, sagte er: „Mir ist noch etwas aufgefallen. Der Mann hatte einen PC-Anschluss, aber es ist nirgends ein Computer zu sehen.“

Wenig später hatte Böhm herausgefunden, was es mit den weiblichen Vornamen auf sich hatte. Er kam mit der Liste in Rödders Büro. „Karl, die erste Liste bringt uns wahrscheinlich nicht weiter. Es sind alles Damen, die sich in der Horizontalen über Wasser halten."

„Wie, …was? Ich verstehe nur Bahnhof."

„In dessen Nähe findest du in Frankfurt tatsächlich viele davon."

„Ich kapiere immer noch nichts!"

„Karl, die Damen haben die erotischen Eskapaden von Adrian Ullrich bereichert."

Noch am gleichen Tag wussten die Polizisten, dass und wo der Erfrorene häufiger Karten gespielt hatte. Am Abend besuchten sie den „Bollenhund", eine Quetsche, die im Industriegebiet von Offenbach lag. Der Wirt gab schnell zu, dass in dem hinteren Raum häufig Karten gespielt wurden. Nein, nein, hier ging es nicht um Glücksspiel. Die Herren hätten schon mal ein paar Euro auf dem Tisch gehabt, aber das gäbe es doch überall.

Die Polizisten zeigten dem Wirt das Foto von Adrian Ullrich. Der Kneipier sah sich das Bild an. Ja, der war auch schon mal dabei gewesen. Böhm wurde jetzt ungeduldig.

„Herr Martins, wussten Sie dass der Mann gestorben ist?"

„Was, wie ist das passiert?"

„Er wurde vorgestern erfroren aufgefunden. Lesen Sie keine Zeitungen?"

„Ach, Herr Kommissar, dazu komme ich selten, ich habe einfach zu viel Arbeit."

„War Herr Ullrich vorgestern Abend hier?"

Der Wirt zögerte einen Augenblick mit seiner Antwort: „Nun, ich glaube schon, dass ich ihn gesehen habe."

Böhm bat den Kneipier, sich zu setzen. Er beugte sich zu ihm hinüber. Seine Nasenspitze war nur wenige Zentimeter von seinem Gegenüber entfernt. Mit frostiger Stimme redete er auf ihn ein: „Lieber Herr Martins, gehe ich recht in der Annahme, dass Ihnen Ihre Arbeit genau so lieb ist wie Ihre Lizenz?"

„Eh …, ja, ja, selbstverständlich, Herr Kommissar. Ohne Lizenz kann ich nicht arbeiten."

„Ich sehe, wir verstehen uns, Herr Martins. Bei mir ist das so ähnlich. Ich brauche Ergebnisse, damit ich meine Arbeit verrichten kann. Sie können mir dabei helfen. Ich brauche bis morgen 12.00 Uhr alle Namen und Adressen von den Männern, die bei Ihnen schon mal um ein paar Euro gespielt haben. Wenn das nicht klappt, werden Sie offiziell vorgeladen."

„Aber, aber … das ist unmöglich. Ich kenne nicht alle Namen. Und die Adressen schon gar nicht. Einer von denen ist schon tot. Wie soll ich das bloß …?"

„Das ist mir egal. Stellen Sie zusammen, was Sie können, und wir werden dann entscheiden, wie es mit Ihnen weitergeht."

Der Wirt war pünktlich in Hofheim. Er hatte einen Umschlag in der Hand. „Herr Kommissar, es ist so, wie ich gestern schon sagte, ich kenne nicht alle Namen …"

Böhm ließ ihn nicht aussprechen. „Zeigen Sie mal her."

Er überflog die Liste. Sie war länger, als er gehofft hatte. „Gut, das war's fürs Erste. Ich melde mich bei Ihnen, wenn ich weitere Informationen brauche."

Martins setzte zu einer Frage an, ließ es dann sein

und verabschiedete sich.

Böhm schaffte Platz auf seinem Schreibtisch und legte das vollbeschriebene Blatt des Wirtes neben den Zettel, den er in der Wohnung des erfrorenen Mannes gefunden hatte. Er pfiff durch die Zähne. Fünf der zwölf Namen auf der Liste des Wirtes stimmten mit den Initialen von dem in Ullrichs Wohnung gefundenen Zettel überein.

Der Erste war ein Walter Hoßfeld. Hinter dem Namen stand eine Telefonnummer. Böhm zog das Telefon zu sich. Hoßfeld zeigte sich kooperativ, und noch am gleichen Vormittag saßen Böhm und Rödder in der kleinen Wohnung des Frühpensionärs. Der Mann hatte einen Kaffee gekocht und gestand nach einigem Zögern ein, dass er früher häufiger in Martins Kneipe gespielt habe. Ja, er hatte auch schon mal Schulden bei Adrian Ullrich gehabt, die er meistens im Folgemonat bezahlt hätte.

Böhm fragte ihn, ob das beim letzten Mal so ungefähr 5.600 Euro gewesen sein könnten. Überrascht schaute Hoßfeld ihn an. „Sie wissen das?"

„Wie Sie sehen. Wann haben Sie das Geld zurückbezahlt?"

„Das dürfte im Sommer gewesen sein. Seit dem Tod von Atze habe ich nicht mehr gespielt."

„Wer ist Atze?"

„Atze war lange mit dabei. Er konnte nicht aufhören. Er hatte hohe Schulden. Ich glaube, dass er sich umgebracht hat."

„Wieso glauben Sie das?"

„Angeblich ist er von seinem Balkon gefallen. Das ist allerdings kaum möglich, ich habe mir den Balkon angesehen. Das Geländer ist viel zu hoch, er ist bestimmt gesprungen."

„Wissen Sie, wie Atze mit Nachnamen hieß, war er

verheiratet?“

„Er kam aus Berlin und war verwitwet, an seinen Nachnamen kann ich mich nicht erinnern. Ich kann Ihnen zeigen, wo er wohnte; es ist nicht weit von hier. Ich wollte sowieso noch mal eine Runde drehen.“

Wenig später standen die drei Männer vor dem fünfstöckigen Haus. Hoßfeld zeigte ihnen den Balkon und verabschiedete sich von den Polizisten. Böhm lief zum Eingang und las die Namen auf den Schildern an der Tür. Die zum Balkon gehörende Wohnung war mit A. Reichhardt bezeichnet. Böhm drückte auf die daneben liegende Klingel. Ein lang gestrecktes ‚jaaaaaaaaaa‘ … kam über den Lautsprecher.

„Guten Tag, mein Name ist Böhm. Ich bin von der Polizei und habe einige Fragen zu Ihrem verstorbenen Nachbarn. Können Sie uns aufmachen?“

Der Summer ertönte, und die Männer liefen nach oben. Vor ihrer Haustür wartete eine junge Frau auf die Männer. „Hallo, Sie kommen also wegen Atze? Ich dachte mir immer schon, dass da etwas nicht stimmte.“

Böhm stellte sich und seinen Kollegen vor. „Mit wem haben wir die Ehre, Frau …eh?“

„Mein Name ist Frisch, Astrid Frisch.“

„Wieso glauben Sie, dass bei Herrn Reichhardt etwas nicht stimmte?“, wollte Rödder wissen.

„Weil das so eine komische Sache war mit dem Unfall von Atze. Ich verstehe nicht, wie man von diesem Balkon fallen kann. Das Geländer ist doch viel zu hoch. Ich habe schon an Selbstmord gedacht. Aber das kann ja auch nicht sein, Herr Kommissar, er hatte doch einen Hund. Das Tier hat er abgöttisch geliebt. Ich kann nicht glauben, dass ein solcher Mensch herunterspringt, ohne für sein Tier zu sorgen. Das war nicht seine Art!“

„Was ist mit dem Hund passiert?"

„Man hat ihn ins Tierheim gebracht. Ich hätte ihn genommen, aber ich arbeite und möchte einen Hund nicht den ganzen Tag alleinlassen."

„Hatte Herr Reichhardt häufig Besuch?"

„Ich habe nur seine Schwester kennengelernt, sie wohnt in Liederbach und hat ihn an den Wochenenden immer mal besucht. Abends war er oft unterwegs, ich glaube, dass er in mehreren Doppelkopfrunden Karten spielte. Wenigstens kenne ich eine Frau von der Kirchengemeinde, die schon mal bei einer solchen Runde mitgespielt hat."

„Können Sie uns die Anschriften der Damen geben?", fragte Rödder. Mit den Adressen der Spielpartnerin und der Schwester in der Tasche verabschiedeten sich die Polizisten.

Nach einem schmackhaften Mittagsessen beim Italiener in Hofheims Hauptstraße schlug Rödder vor, die Doppelkopfpartnerin des verstorbenen Atze Reichhardt anzurufen, um einen Termin zu vereinbaren. Sie hatten Glück. Die Dame, Frau Schürgers, war zu Hause und bat die Herren vorbeizukommen. Nach einem guten Espresso brachen sie auf und gingen zu Fuß weiter in die Altstadt.

Bald standen sie vor einem schön renovierten, etwa 350 Jahre alten Fachwerkhaus. Auf ihr Klingeln machte eine energische Dame die Tür auf. „Ach, Sie sind die Polizisten, die mich angerufen haben. Ich bin Frau Schürgers. Es geht wohl um Atze Reichhardt. Was möchten Sie von mir wissen?"

„Frau Schürgers, wir haben erfahren, dass Sie mit dem Verstorbenen früher mal Karten gespielt haben. Was können Sie uns über Herrn Reichhardt berichten? Was war er für ein Mensch?"

„Atze war ein liebenswerter Zeitgenosse. Wir haben vor Jahren im Winter einige Male mit ihm Doppelkopf gespielt. Obwohl wir uns gut verstanden haben, hat er die Runde verlassen. Ich glaube, wir waren ihm nicht gut genug. Er sagte damals, dass er in Frankfurt spielen würde."

„Trauen Sie ihm einen Selbstmord zu?"

„Ein klares Nein, Herr Kommissar. Der Mann war so ausgeglichen. Wieso fragen Sie, er ist doch vom Balkon gefallen?"

„Es war nur eine hypothetische Frage, Frau Schürgers. Wir ermitteln in einem Fall, der damit zusammenhängen könnte. Vielen Dank, dass Sie uns so spontan empfangen haben. Auf Wiedersehen."

Böhm und Rödder verglichen den Zettel, den sie in Ullrichs Wohnung gefunden hatten, mit der Aufstellung des Wirtes.

AK 13,8 M. wäre die nächste Person auf der Liste des Verstorben. Beim Wirt tauchte kein Name mit diesen Initialen auf. „Gut", sagte Böhm, „vergessen wir den erst einmal, morgen nehmen wir den Nächsten auf der Liste, er heißt Dirk Binder. Dazu haben wir auch eine Adresse. Wie es aussieht, hat der Mann die höchsten Schulden gehabt.

Wir fahren jetzt ins Büro und versuchen einen Termin mit ihm zu vereinbaren. Kannst du das übernehmen, Karl? Ich muss noch einmal kurz in die Stadt."

Aha, dienstlich oder polnisch?", neckte Rödder. Böhm hatte das Gefühl rot zu werden und simulierte einen Hustenanfall.

Nach einigen Versuchen sprach Karl Rödder auf Dirk Binders Anrufbeantworter. Rödder war schon zu Hause als der Rückruf erfolgte. „Binder hier, haben Sie mich angerufen?"

„Ja, Herr Binder, wir ermitteln momentan in einem Unglücksfall und möchten gerne mit Ihnen sprechen."

„In welcher Angelegenheit? Welcher Unglücksfall?"

„Eine Routinesache, Herr Binder. Hätten Sie morgen Zeit für uns?"

„Wie stellen Sie sich das vor, ich muss arbeiten."

„Können wir Ihnen nach der Arbeit ein paar Fragen stellen?"

„Meinetwegen, ich bin gegen sieben zu Hause. Rufen Sie mich sicherheitshalber vorher an."

So lernten die Polizisten am nächsten Abend die Nummer Vier der ominösen Liste kennen. Binder bot den Herren außer einem Stuhl nichts an und kam ohne Umschweife zur Sache. „Sie erwähnten einen Unglücksfall. Wie kann ich Ihnen dabei helfen?"

„Herr Binder, vielleicht haben Sie es in der Zeitung gelesen. Vor einigen Tagen wurde ein Mann erfroren aufgefunden."

Böhm zeigte Binder ein Foto: „Kannten Sie den Mann?"

Dirk Binder warf einen flüchtigen Blick auf das Bild: „Nein, kenne ich nicht."

„Herr Binder, haben Sie schon mal im „Bollenhund" in Offenbach gezockt?"

Binder wischte sich kurz über die Stirn. „Na ja, kann schon sein. Ich habe mal hier und mal da gespielt."

„Der Wirt des Lokals meint, dass Sie häufiger da gewesen sind."

„Herr Kommissar, das ist alles relativ. Was heißt das schon? Häufiger? Auf der Arbeit bin ich häufiger. Im Bollenhund bin ich bestimmt nicht häufiger."

Es entging Böhm nicht, dass der anfänglich ruhige Mann nervös geworden war. Er fasste sofort nach und wurde deutlich: „Herr Binder, aus gesicherter Quelle wissen wir, dass Sie dem Mann, Herrn Adrian Ullrich, Geld schuldeten. Merkwürdig, dass Sie ihn nicht kennen."

„Der Adrian, sagten Sie. Zeigen Sie mir das Bild bitte nochmal. Ja, klar, das ist der Adrian. Ich habe ihn nicht erkannt. Und der ist gestorben; das tut mir leid, er war ein netter Kerl."

„Sie wussten nicht, dass er tot ist? Es stand doch in allen Zeitungen."

„Ich lese keine Zeitungen, in der Firma muss ich so viel Fachliteratur lesen, das genügt mir."

„Wo arbeiten Sie?"

„Ich bin IT Experte und arbeite in einer Bank in Frankfurt."

„Hatten Sie nun Schulden bei Herrn Ullrich?"

„Wissen Sie, ich habe mal gewonnen, mal verloren. Manchmal habe ich etwas anschreiben lassen, manchmal er."

„Wie hoch war die letzte Summe, die Sie ihm schuldeten?"

„Das weiß ich wirklich nicht mehr, Herr Kommissar."

„Können das etwa 80.000 Euro gewesen sein?"

Wieder wischte Binder sich die Stirn mit einem Taschentuch ab. „Nein, das kann nicht sein. Unmöglich, vielleicht 8000 Euro, da sind Sie wohl einer Fehlinformation aufgesessen."

Die Kommissare bedankten sich und verabschiedeten sich von Binder. Mit dem Lift fuhren sie nach unten. „Was meinst du, Christian? Der Kerl war ganz schön nervös, nicht?"

„Ja, das war er. Ich nehme ihm die Geschichte nicht ab. Übrigens, komisch, dass Wirte und IT Leute angeblich keine Zeitung lesen."

Vor der Eingangstür blieben sie einen Augenblick stehen, da Rödder sich beim Licht der Außenlampe etwas notieren wollte.

Noch bevor er sein Notizbuch zuklappte, ging das Licht aus. Da die Polizisten keinen Außenschalter fanden, mussten sie durch den dunklen Vorgarten zur Straße. Böhm war fast bei der Zauntür, als er über etwas stolperte und der Länge nach hinfiel. Das Objekt, an dem er hängengeblieben war, erwies sich als gelber Sack. Allmählich an das Licht der Straßenlampe gewöhnt, sammelte er die Eierkartons, Joghurtdeckel, Kunststoffflaschen auf, steckte alles in den halb zertretenen Sack und legte ihn hinter den Pfosten. Schnell gingen die Männer zum Auto. Böhm startete den Wagen und wollte das Auto aus der Parklücke lenken. Plötzlich hielt er inne, schaute seinen Kollegen an … und sprang wieder aus dem Auto.

Nur Sekunden später öffnete er die Beifahrertür und legte Karl Rödder den gelben Sack auf den Schoß. „Was ist jetzt in dich gefahren. Seit wann spielst du Müllmann?“

„Mir ist etwas eingefallen, bei den Sachen im Müllsack waren auch ein paar zerrissene Umschläge. Ich bin mir nicht sicher, aber ich glaube, auf einem stand Binders Name.“

„Umschläge gehören nicht in den gelben Sack“, sagte Rödder tadelnd.

„Du hast recht, Karl. Umschläge gehören da nicht hin. Alles muss seine Ordnung haben. Ich stelle viele Ungereimtheiten fest und möchte jetzt Klarheit. Vielleicht steckt mehr dahinter als wir ahnen. Ich glaube, wir sollten ihn beschatten lassen. Kannst du das organisieren?“

Für dich mache ich doch alles“, lachte Rödder.

„Ich danke dir, Karl; soll ich dich zu Hause absetzen, oder willst du dein Auto noch holen?“

„Wenn du mich morgen mitnimmst, kannst du mich jetzt heimfahren.“

Nach dem ersten Becher Kaffee machten sich Böhm und Rödder über den gelben Sack her. Sie fanden ein Dutzend Umschläge, die an Binder adressiert waren. Die meisten hatten wohl Werbebriefe enthalten.

Sie legten zwei Umschläge zur Seite.

Auf einem stand die Adresse eines Neurologen aus einem örtlichen Ärztehaus, der andere war von einer Bank im Stadtzentrum. „Karl, ich besuche die Absender der Briefe und du wühlst noch ein bisschen im Sack herum. Du kannst das als Training für Weihnachten ansehen“, sagte Böhm.

„Immer die Hiwi-Tätigkeiten, du kannst mich mal, ich mache jetzt Büroschlaf“, grinste Rödder. „Viel Erfolg, Boss!“

Als Erstes suchte Christian Böhm die Bank auf. Er hatte Glück. Der Filialleiter, den er schon bei anderen Gelegenheiten kennengelernt hatte, brauchte nicht einmal eine Kundenkartei. Natürlich kannte er Herrn Binder. Der hatte bei ihm vor nicht allzu langer Zeit wieder um einen Kredit nachgesucht, den er ihm leider nicht gewähren konnte, da Herr Binder sein Konto schon seit längerer Zeit überzogen hatte.

Auf Böhms Frage hin, um welche Summe es ging, erfuhr er, dass Binder 40.000 Euro beantragt hatte. Böhm notierte sich, dass er das Gespräch aktenkundig machen sollte.

Der Neurologe berief sich auf seine ärztliche Schweigepflicht und empfahl Böhm den Routineweg über die Staatsanwaltschaft. Mit den gewonnenen Erkenntnissen fuhr Böhm ins Büro, setzte sich an den Tisch seines Kollegen und berichtete.

Irgendwie hatte er das Gefühl, dass Rödder gar nicht richtig hinhörte. „Habe ich dich bei etwas gestört, Karl?“

„Nee, hast du nicht. Ich glaube, dass wir uns die restlichen Leute auf der Liste sparen können.“

„Wieso das?“

„Erstens hat die Beobachtung von Binder ergeben, dass er nachts in seinem Garten herum gebuddelt hat.“

„Hat er ein- oder ausgegraben?“

„Das weiß ich noch nicht. Die Jungs von der Spurensicherung sind dran.“

„Und was hast du sonst noch zu bieten?“

“Ich habe zwischenzeitlich auch recherchiert.“

„Wo denn?“

„Im gelben Sack!

„Und was gab’s da Leckeres?“

„Rödder zeigte auf einen kleinen Karton, der auf einem Nebentisch oben auf dem Sack lag.

„Was soll das sein?“

„Hast du Tomaten auf den Augen?“

„Nee, dann würde ich rot sehen, ich sehe aber nur grün.“

„Genau, du siehst grün, und was ist das?“

Böhm stand auf und nahm den Pappkarton in die Hand. „Das ist eine Spinatverpackung.“

„Richtig, der Kandidat bekommt fünf Punkte!“

„Wieso nur fünf?“, fragte Böhm.

„Schau mal genau hin.“

Böhm drehte die Verpackung um: „Na, die Lasche fehlt, das ist genau … oh, Karl du … du bist gut, Karl … Mensch … bist du sicher? Hast du sie schon verglichen?“

„Klar habe ich das. Es besteht kein Zweifel, das

Stück Pappe aus dem Magen des verstorbenen Adrian Ullrich gehörte zu einer Verpackung aus dem Haushalt von Binder. Es sind Fingerabdrücke von verschiedenen Personen sichtbar. Was tun wir jetzt?"

„Wir beschaffen uns einen Durchsuchungsbeschluss und nehmen die Bude auseinander."

Nicht einmal 24 Stunden später wurde Dirk Binder verhaftet. Zu seinen Fingerabdrücken auf der Verpackung, die teilweise in Adrian Ullrichs Magen gelangt war, nahm er keine Stellung. Auch auf Fragen, wie Ullrichs demolierter PC in seinen Garten und DNA Spuren des Opfers in den Kofferraum seines Autos gelangt waren, äußerte er sich nicht. Dirk Binder wurde wegen Mordes zu lebenslanger Haft verurteilt.

Man(n) kann ja mal fragen

Es war der Donnerstag vor Pfingsten.

Der frühsommerliche Tag war stickig und heiß gewesen.

Julia freute sich auf ein großes Bier und eine Handvoll Erdnüsse.

Die Eingangstür des Restaurants "Noblesse oblige" stand offen. Die gut aussehende blonde Frau trat ein und suchte sich einen Platz mit dem Rücken zum Fenster.

Nach einem ersten Schluck des frischen Gerstensaftes bemerkte sie den geschniegelten dunkelhaarigen Mann, den sie schon häufig im Lokal gesehen hatte. Seine Haare mit dem Mittelscheitel glänzten. Solche Typen kannte sie nur aus alten Filmen. Sie schätzte ihn auf Mitte bis Ende dreißig.

Meistens hatte er einen Schreibblock vor sich, manchmal machte er sich Notizen. Wenn er mal aufblickte, schaute er häufig in ihre Richtung und grinste sie an, bevor er sich wieder seinen Papieren und seinem Glas zuwandte.

Er kam sich scheinbar absolut unwiderstehlich vor!

Heute las er.

Nach einer Weile löste er sich von seiner Lektüre, lächelte sie unvermittelt an, leerte sein Glas, stand auf und kam auf sie zu.

Er beugte sich dicht zu ihr herunter und sagte: „Ich habe ein großes Haus. Finanzielle Sorgen kenne ich nicht. Sie gefallen mir sehr. Haben Sie Lust, mit mir zusammen zu leben?“

Julia schaute ihn einige Sekunden an.

„Klar”, sagte sie und über ihr Gesicht zog sich ein spöttisches Lächeln.

„Der Phantasie sind keine Grenzen gesetzt! Wenn’s Ihnen nichts ausmacht, dass meine Mutter mitkommt. Sie ist zwar ein wenig verwirrt und hört sehr schlecht, sie ist allerdings ein herzensguter Mensch und immer sehr kooperativ.

Meine sieben Katzen haaren zwangsläufig von Zeit zu Zeit, dafür sind sie sehr anhänglich. Ich habe einige von ihnen kastrieren lassen, sodass sich der Nachwuchs in Grenzen hält.

Meine drei Söhne würden sich wahrscheinlich am meisten freuen, endlich mal einen netten Ersatzvater zu bekommen.

Sie sehen zwar ihre Väter von Zeit zu Zeit, doch ich habe mit den Herren häufig Ärger, da zwei von den dreien keine Alimente zahlen.

Und einmal in der Woche muss ich zu den Anonymen Alkoholikern. Da könnten Sie vielleicht auf die Buben aufpassen.

Hoffentlich haben Sie auch Platz für mein weißes Klavier?

Entschuldigen Sie bitte, mein Herr, wie war noch mal genau Ihr Name?“

Schweigen ist Gold

Professor Hans Holbein machte das große Fenster zum See auf und freute sich über die grandiose Aussicht. Er wunderte sich kaum noch darüber, dass es ihm in der Seniorenresidenz besser gefiel als zu Hause.

Natürlich hielten seine zweieinhalb Zimmer mit den wenigen Möbeln keinen Vergleich aus mit seiner geräumigen Villa am Stadtrand, die er im Sommer des letzten Jahres mit dem Notarztwagen verlassen hatte und in die er nie mehr zurückgekehrt war. Trotzdem hatte er sich in seiner neuen Umgebung schnell eingelebt.

Beim einzigen Besuch während der sechswöchigen Reha hatte seine Frau Veronika ihm damals nahegelegt sich zu überlegen, ob er nicht in einem solchen Heim leben wolle.

Er sei jetzt bald 85, und sie könne ihn sowieso nicht pflegen, weil sie dafür mental nicht stark genug sei. Auch könne sie sich ihren vielen Verpflichtungen nicht einfach entziehen, und überhaupt, nach einem Schlaganfall sei man in einem Heim mit betreutem Wohnen bestens aufgehoben.

Sie würde es sich überlegen, in ein paar Jahren nachzukommen.

Veronika war knapp 30 Jahre jünger und immer noch hübsch. Irgendwo war es Holbein schon bewusst, dass sie ihn eigentlich nur des Geldes wegen geheiratet hatte.

Er konnte mit ihren Freunden und Bekannten wenig anfangen und wurde zum Workaholic. Er protestierte nicht, wenn sie sich auswärts vergnügte und ihre häufigen Urlaubsreisen nicht mit ihm verbrachte. Und er lud sie auch nicht mehr ein, wenn er in seiner Funktion als Vorstandsvorsitzender der größten deutschen Hypothekenbank wichtige Besucher empfing oder zu Staatsempfängen eingeladen wurde. Da die Ehe kinderlos geblieben war, hatte er sie trotzdem zur Universalerbin seines beträchtlichen Vermögens eingesetzt.

Im Heim hatte sich sein Gesundheitszustand merklich gebessert; er hatte schnell Freunde gefunden, und auch das Kulturangebot im Seniorenheim gefiel ihm.

So beschäftigte er sich in einem Literaturkreis wieder mit den Klassikern, die er seit der Schulzeit nicht mehr gelesen hatte. Er ging ins Theater und meldete sich sogar bei einer Seniorenschauspielgruppe an. Das Leben gefiel ihm so.

Holbein machte das Fenster zu, holte tief Luft, schaute auf die Uhr und sah, dass ihm noch eine gute halbe Stunde blieb, bevor der Bus kam, der ihn mit einer kleinen Gruppe zu einer Musical-Aufführung bringen sollte.

Sein Blick fiel auf den Lottoschein auf seinem Tisch. Er spielte regelmäßig und setzte mit einem Spielsystem recht hohe Beträge ein. Schließlich hatte er sich ein monatliches Taschengeld von gut 3.000 Euro genehmigt, und damit konnte man sich solch kleine Laster ruhig leisten.

Während er den Kugelschreiber aufnahm, klopfte es.

Er begrüßte Else, die mit Eimer und Putztuch in der Hand das Zimmer betrat, um das Bad zu säubern. Sie, die früher mal als Zoll-Sachbearbeiterin tätig und im Rahmen der EU-Erweiterung wegrationalisiert worden war, war der gute Geist im Heim. Sie war mit einigen Bewohnern mehr oder weniger befreundet und hatte für jeden ein nettes Wort übrig. Sie freute sich, dass sie ihre relativ magere Rente durch einen 400-Euro-Job aufbessern konnte.

Holbein bat Else, sich einen Moment zu setzen und fragte sie:

„Else, es ist noch ein wenig Tee übrig. Magst du eine Tasse?"

Sie lehnte dankend ab.

„Else, sag mal, was sind denn deine Lieblingszahlen? Ich brauche nur noch ein Kästchen mit frischen Zahlen für mein Lotto. Neun Reihen habe ich schon ausgefüllt."

Else war geschmeichelt. Fürs Lottospiel hatte ihr Geld zwar nie gereicht, aber es war ihr selbstverständlich klar, dass ansehnliche Summen zu gewinnen waren.

„Ja, wissen Sie, ich würde vielleicht einfach die Geburtstage meiner Brüder nehmen", sagte sie bescheiden.

Holbein notierte die Zahlen auf dem Schein und bedankte sich.

„Liebe Freundin, wenn diese Zahlen gewinnen sollten, bekommst du die Hälfte, abgemacht?"

Er hielt ihr seine Hand hin, und sie legte verlegen ihre kleine raue Hand in seine Pranke. „Else, ich mach keinen Spaß, willst du es schriftlich?"

„Aber nein, Herr Professor, ich kenne Sie doch, machen Sie sich da mal keine Gedanken", und putzte ihre Runde weiter.

Beim Mittagessen in der Kantine berichtete sie allerdings jedem, der es hören wollte, stolz von der Tatsache, dass der Professor sie, Else, um Zahlen für sein

Lottospiel gebeten hätte und sie bei einem Gewinn die Hälfte abbekäme.

Als Else in der darauffolgenden Woche wieder ins Heim kam, fiel ihr die ernste Miene der Stationsschwester sofort auf.

Auf ihre Frage hin, ob etwas passiert sei, antwortete Schwester Maria:

„Ach, Else, der arme Herr Holbein ist tot. Er hatte im Lotto gewonnen. Das Herz hat' s wohl nicht verkraftet. Seine Witwe weiß es schon, sie ist extra von London zurückgeflogen und ist jetzt beim Direktor. Den Lottoschein hat man ihr schon gegeben. Es sind ja immerhin über 4 Millionen! Was ist jetzt mit dir, du Arme? Ob du jetzt noch was abbekommst?"

Else wurde leichenblass; sie verdrückte eine stille Träne. Dann gesellte sie sich zu den anderen im Aufenthaltsraum, die das traurige Ereignis vom Wochenende wieder und wieder durchsprachen. Sie starrte lange auf die Zahlen, die ihr aus der aufgeschlagenen Zeitung entgegensprangen. Sie schwieg.

Kurz nach dem Essen ließ der Geschäftsführer Else rufen.

Professor Holbeins Witwe war modisch, elegant und völlig unpassend gekleidet.

„Guten Tag, Frau Else", sagte sie zu der einfachen Frau. „Ich habe erfahren, dass Sie wohl einen gewissen Anteil an dem Lottogewinn meines Mannes haben. Verstehen Sie mich nicht falsch: Ich schulde Ihnen nichts, denn es existiert nichts Schriftliches und ich bin Alleinerbin. Wenn ich die ganzen Schulden und die Beerdigung bezahlt habe, bleibt sowieso nicht viel für mich übrig.

Trotzdem möchte ich Ihnen gegenüber nicht kleinlich sein und bin bereit, Sie großzügig abzufinden.

Zusammen mit dem Direktor habe ich einen Vertrag aufgesetzt. Wir haben beide schon unterschrieben. Es fehlt nur noch Ihre Unterschrift.“

Else nahm das Papier und las es sorgfältig durch. Dann nahm sie den Kugelschreiber, den der Geschäftsführer ihr hinhielt, und unterschrieb mit Vor- und Zunamen.

„In Ordnung“, sagte Frau Holbein, „Sie haben hiermit auf weitere Forderungen verzichtet, und von mir bekommen Sie Ihr Geld innerhalb von drei Wochen.“

Else verließ den Raum mit einer Kopie des Vertrags, ohne ein einziges Wort gesagt zu haben.

Bei der Beerdigung waren fast 800 Leute. Das Fernsehen berichtete über die Trauerfeier. Es waren sogar zwei Minister aus Berlin gekommen.

Vier Wochen später löste Else ihr Arbeitsverhältnis mit dem Heim, kündigte ihre kleine Sozialwohnung und zog in unsere Nähe in eine schöne, geräumige Penthouse-Wohnung mit herrlichem Blick auf den Taunus.

Ich traf sie beim Lotto-Laden in unserer Straße, wo ich ihr mit einem Kugelschreiber aushelfen konnte.

Beim Warten kamen wir ins Gespräch. Ich stutzte ein wenig, nachdem sie berichtete, dass sie die Freundin von dem berühmten, im letzten Jahr verstorbenen Professor Holbein gewesen war.

Ferner erwähnte sie, dass sie seit einigen Monaten jede Woche für fünf Euro Lotto spiele und immer die gleichen Zahlen nehme. Es seien die Geburtstage ihrer Brüder. Sie fügte hinzu, dass diese Kombination im Lottoblock zwar noch nie gezogen wurde, allerdings könne sich das Spiel auch auf andere Art und Weise auszahlen.

Schwein gehabt

Monsieur Marius Merlot hatte sich gerade hingelegt, als das Telefon klingelte. Es war ein langer Tag gewesen. Erst die langwierigen Verhandlungen mit dem koreanischen Zulieferanten, dann der Ärger mit seinem Auto, das – obwohl noch in der Garantiezeit – häufiger Probleme verursachte und zum wiederholten Mal in die Werkstatt musste. Die Vorstandssitzung seines Jagdvereins am Abend, die sich drei Stunden lang mit den geplanten Ausgaben für die anstehende Jubiläumsfeier beschäftigte, hatte ihm den Rest gegeben. Merlot war ausgelaugt und müde. Er war froh, als er kurz nach elf endlich im Bett lag. Er tippte auf die grüne Taste des Telefons.

„Merlot hier!“

„Hier spricht Jacques Thierry. Ich bin der persönliche Sekretär des Präsidenten.“

„Des Präsidenten? Von welchem Präsidenten?“

„Von Ihrem und meinem Präsidenten. Ich spreche von Präsident Jaques Pimpadou, dem Präsidenten von Frankreich!“

„Das soll wohl ein Witz sein, Monsieur Thierry. Ich bin müde und möchte jetzt schlafen.“

„Monsieur Merlot, Sie sind doch der Vorsitzende eines der renommiertesten Jagdclubs unseres Landes?“

„Ja, und?“

„Monsieur Merlot, der Präsident möchte gerne bei

Ihnen auf die Jagd gehen."

Merlot zögerte. Vielleicht ein Spinner, aber wenn's wirklich der Sekretär ist ...?

„Kann ich Sie morgen zurückrufen? Wo erreiche ich Sie?"

„In Paris, im Elysée, Monsieur Merlot. Ich gebe Ihnen die Nummer."

Merlot notierte sich Namen und Telefonnummer und wünschte dem Mann gute Nacht.

Am nächsten Vormittag rief er im Elysee an. Sicherheitshalber ließ er sich durch die Zentrale weiterverbinden.

„Jaques Thierry, bonjour."

„Bonjour, Monsieur Thierry. Merlot hier. Haben wir gestern Abend miteinander gesprochen?"

„Gewiss, das haben wir, Monsieur Merlot."

„Nun, dann können wir unser Gespräch jetzt vielleicht fortsetzen."

„Sehr gerne, Monsieur Merlot. Wie schon erwähnt, möchte der Präsident gerne einmal in Ihrer Region jagen. Am liebsten jagt er Wildschweine. Ein Abgeordneter aus Ihrem Arrondissement hat ihm von dem herrlichen Jagdrevier vorgeschwärmt."

„Das freut mich sehr. Wann hat der Präsident seinen Besuch bei uns geplant?"

„Nächste Woche!"

„Nächste Woche? Nein, das ist leider unmöglich. Es ist März, da haben wir Schonzeit. Es wird momentan nicht gejagt."

„Monsieur Merlot, ich möchte nicht unhöflich erscheinen, aber der Präsident möchte zur Jagd, und wir sollten seine Interessen und Wünsche nicht außer Acht lassen. Ich bin mir sicher, dass Ihnen etwas einfällt. Und bitte, keine Presse. Wir möchten unter uns bleiben. Bitte, rufen Sie mich an, sobald alle Vorkehrungen getroffen sind."

Merlot legte den Hörer auf und nahm ihn gleich darauf wieder hoch, um seine Jagdfreunde zusammenzutrommeln, mit denen er noch am Vorabend zusammengesessen hatte. Man traf sich im kleinen Kreis, diskutierte intensiv und tagte lange. Einerseits war allen bewusst, dass die Schongesetze eingehalten werden mussten, andererseits konnte man sich die Ehre, einem Präsidenten zu Diensten zu sein, nicht entgehen lassen.

Das größte Problem waren die Wildschweine. Es befanden sich – im Gegensatz zu anderen Revieren – relativ wenig Wildschweine im lokalen Jagdgebiet. Da man unter keinen Umständen in die benachbarte Region ausweichen wollte, kam man auf eine geniale Lösung. Man würde Claude kontaktieren. Claude hatte in der Nähe eine Wildschweinzucht und belieferte Restaurants in der Umgebung. Falls der Präsident nichts vor die Flinte bekommen sollte, würde man Claude bitten, einige seiner Schweine loszulassen, in der Hoffnung, dass sie dem Präsidenten irgendwie in die Schussbahn gerieten.

In den nächsten Tagen wurde alles bis ins Kleinste geplant, und eine kleine Gruppe veranstaltete mit Claude sogar eine Generalprobe. Alles lief nach Plan, und man richtete sich auf den hohen Besuch ein.

Der Präsident kam pünktlich. In seiner Begleitung befanden sich sein Sekretär, der befreundete Abgeordnete und zwei Sicherheitsbeamte. Zusammen mit einem halben Dutzend sorgfältig ausgewählter Clubmitglieder ging es am frühen Morgen in den Wald. Obwohl es noch recht kühl war, versprach der Tag, schön zu werden. Es kam, wie die Experten befürchtet hatten; auch nach zwei Stunden hatte die Jagdgesellschaft – außer einigen Kaninchen – immer noch kein Beutetier erspäht.

Marius Merlot wechselte einige unmissverständliche Blicke mit seinen Freunden und stand auf, um – wie er sagte – einem dringenden Bedürfnis nachzugeben. Er verschwand zwischen den Büschen und rief Claude an, um ihm grünes Licht zu geben. Der Wildschweinzüchter reagierte sofort und fuhr mit seinem Kleinlaster zu einem leichten Hügelrücken, etwa drei Kilometer von der Stelle entfernt, wo sich die Gruppe befand. Er öffnete die hintere Klapptür des Wagens und ließ fünf Wildschweine frei.

Ungefähr eine halbe Stunde später kreuzte die Rotte knapp 300 Meter vor den Jägern ihren Weg. Der Präsident schoss als Erster. Der Sekretär, der das Fernglas direkt ans Auge hielt, sprang sofort auf und rief begeistert: „Glückwunsch, Herr Präsident, Sie haben getroffen! Und das beim ersten Schuss!"

„Schauen wir uns das einmal an", antwortete Pimpadou.

Die Jagdgesellschaft lief auf die Stelle zu und fand tatsächlich einen mausetoten Keiler.

„Ein Meisterschuss, Monsieur le President, das hätte Wilhelm Tell nicht besser gemacht", lobte Merlot und schaute sich fachmännisch den Einschuss am Kopf des Tieres an.

„Glück gehabt, Monsieur Merlot", sagte der Präsident bescheiden.

Alle setzten sich im Kreis um das erlegte Tier. Während Merlots Kollegen die beiden Picknickkörbe und eine gute Flasche Beaujolais öffneten, steckte Monsieur Pimpadou dem toten Schwein nach altem Brauch einen grünen Zweig ins Maul. Er war zufrieden.

Wenig später rief Marius Merlot Claude ganz offiziell an und bat ihn, das getötete Wildschwein abzuholen. Der Züchter, passend im grünen Overall mit grünem Filzhut auf dem Kopf, näherte sich der Stelle, an der die Gesellschaft saß. Er öffnete die Hecktüren des Renaults, lud zusammen mit einigen Jägern das Tier ins Auto und fuhr langsam davon.

Marius Merlot schaute dem Wagen auf dem geraden Waldweg noch lange nach. Kurz bevor Claude mit seiner Fracht ins Dorf abbog, blieb Merlots Herz beinahe stehen. Von links und rechts kamen vier Wildschweine aus dem Wald. Gemächlich trotteten sie dem Wagen hinterher nach Hause. Mit einem schnellen Blick erkannte Merlot, dass der Präsident, der glücklicherweise mit dem Rücken zum Waldweg saß, nichts bemerkt hatte. Er atmete auf. Als er aber sah, wie der Sekretär ihn unverwandt anblickte und dabei krampfhaft versuchte, das Zucken seiner Gesichtsmuskeln zu unterdrücken, wäre er vor Peinlichkeit am liebsten im Erdboden versunken.

Beim Abschied am Nachmittag drückte der Präsident allen Beteiligten noch einmal die Hand. Zu Merlot sagte er: „Das war ein sehr gelungener Tag mit Ihnen. Alles war, wie es sein sollte. Ich danke Ihnen für die hervorragende Organisation. So gesehen haben wir heute alle Schwein gehabt!“

Urlaub in der Post

Seit meiner Ankunft hat mich die Magie der paradiesischen Insel und ihrer Bewohner in seinen Bann gezogen. Ich liebe die Schönheit der Natur, ihre Farben, ihre Gerüche und bewundere die fröhliche Lässigkeit, mit der die Insulaner trotz tropischer Hitze immer cool bleiben.

Es war mein letzter Tag, und ich wollte abends noch einige – schon ein wenig vergilbte - Postkarten schreiben, die ich nach längerer Suche in einer kleinen Kneipe gefunden hatte.

Nach einer reizvollen Fahrt durch unendliche Zuckerrohrfelder, Bananenplantagen und malerische Blumenmeere fand ich tatsächlich das Dorf, auf das mich der Kneipier verwiesen hatte, als ich ihn nach einem Postamt fragte.

Das Amt auf der langen staubigen Dorfstraße, weit von der Zivilisation entfernt, war schnell gefunden. Es herrschte drückende Hitze.

Die Eingangstür war verschlossen, aber da ich Leute im Raum sah, erkundigte ich mich bei einem Passanten. Der meinte, dass man die Vordertür, wenn's weht, häufig zuließe, damit der Sand nicht reinkäme. Ich sollte es mal hinter dem Gebäude versuchen, neben der Küche wäre eine kleine Tür; wenn die auch zu ist, sollte ich mich einfach vor dem Fenster bemerkbar machen.

Die Einwohner der schönen und beschaulichen Insel haben die Ruhe weg und letztendlich haben sie auch wenig Sorgen, denn das Stück Frankreich in der Karibik wird von den ehemaligen Kolonialherren bestens betreut.

Deshalb ist die Liebe verständlicherweise auch wechselseitig vorhanden.

Mein "Bonjour" beim Betreten des kleinen Raumes wurde freundlich erwidert.

Grelles Licht und Schreibmaschinengeklapper hielten mich für einen Moment am Lieferanteneingang zurück. Es roch nach Kaffee.

Ich ließ meinen Blick schweifen, durchquerte das kleine Zimmer zielstrebig und stellte mich an. Nur einer der beiden Schalter war besetzt. Es waren drei Kunden vor mir.

Der Schalterbeamte verabschiedete sich wohl gerade von einem Mann mit dunklen Rastalocken, der seine Unterlagen in eine vorsintflutliche Ledertasche steckte und …ein längeres Gespräch mit dem Postler anfing.

Da beide kreolisch sprachen, konnte ich leider wenig verstehen. Es handelte sich wohl um einen Todesfall, was durch das bestürzte Mienenspiel der beiden bestätigt schien.

Der Reggaeman wollte nach zehn Minuten erneut gehen und …öffnete seine Schultasche nochmals.

Er holte einige Papiere heraus, um sich eine weitere Ewigkeit über seine Mission auszulassen.

Dann, zum dritten Abschied ansetzend, flüsterte er seinem Gegenüber noch etwas ins Ohr, worauf die beiden laut auflachten und zum Abschied kumpelhaft die Fäuste zusammenschlugen.

Dem Kreolen folgte eine hübsche junge Schwarze, die ihrerseits offenbar einen Abbuchungsauftrag abgeben wollte. Dieser Akt beanspruchte höchstens drei Minuten.

Was ich schon ahnte, trat tatsächlich ein! Der Postmann lehnte sich über seinen kleinen Schalter und fing ein Gespräch mit der Schönen an.

Dieses Mal ging's um Karneval. Ich verstand die Konversation insoweit, dass sie wohl in die nähere Auswahl zur Faschingsprinzessin gekommen war und jetzt sehnsüchtig nach Sponsoren suchte, die ihr ein Kostüm finanzierten.

Der unbeschreibliche Ausnahmezustand im Land in jenen Tagen ist extrem hoch.

Arm und Reich, Jung und Alt, Schwarz oder Weiß, alle sind stolz, die Lebensfreude, karibische Vitalität und die zündenden Rhythmen in großen Straßenpartys ausleben zu können.

Man tauschte Namen eventueller Mäzene aus, die junge Dame schrieb sich Adressen und Telefonnummern auf.

Nach einigen Küsschen links und rechts verabschiedeten sich die beiden.

Der fremde junge Mann, der hinter mir stand und leider kein französisch sprach, hatte einen feuerroten Regenschirm dabei, summte vor sich hin und bewegte sich beschwingt zum Takt einer imaginären Melodie.

Ich konnte nicht unterscheiden, ob er bereits zum Frühstück Tepunch, das mit viel Rum angemachte Nationalgetränk der Insel, getrunken hatte oder einfach nur Musik liebte.

Jetzt war der Senior vor mir an der Reihe.

Er war sehr dunkel, sah recht kräftig aus und hatte

einen aschgrauen Schnurrbart in einem wettergegerbten Gesicht. Der Typ eines Fischers auf der obligatorischen Postkarte, auf der Mann, Sonne, Meer und Kokospalmen untrennbar miteinander verbunden sind

Man konnte unschwer erkennen, dass er kein Stammkunde bei der Post war.

Er nahm seine Wollmütze ab und entblößte einen kurzgeschorenen Schädel.

Er bewegte sich ein wenig ungelenk und seine flehenden Augen besagten, dass er jemanden suchte, der seine Probleme löste.

Es handelte sich offensichtlich um ein ungedecktes Konto. Er hätte doch längst schon Geld auf seinem Konto haben müssen, deshalb hätte er eine Überweisung ausgefüllt, die offensichtlich nicht eingelöst werden konnte.

Unser Beamter sprach leise auf ihn ein und schüttelte verneinend den Kopf.

Ich erahnte seine Mitgefühlsbeteuerungen, bemerkte aber auch, wie hoffnungslos das Ansinnen des Bittstellers war.

Nach einer Weile nickten beide andächtig, schüttelten sich die Hände und verabschiedeten sich.

Mit gewissem Fatalismus registrierte ich, dass die beiden jedoch ansatzlos ein neues Gespräch anfingen.

Der Begriff "Lanne pase toujou" war mir mittlerweile geläufig; hierbei geht es um die gute alte Zeit, in der natürlich alles besser war und man das Geld noch bar auf die Hand bekam.

Erstaunlicherweise verabschiedete der vermeintliche Fischer sich nach einer Viertelstunde mit einem ausdruckslosen Lächeln und ging endgültig.

Ich trat an den Schalter; der Beamte stand auf, seine Augen wanderten zu mir herüber, und er entfernte sich höflich mit den Worten: "Zeit fürs Frühstück!"

Ich kam mir vor wie in einer Theatervorstellung.

Aber nach nur wenigen Minuten setzte sich die Ablösung in Form eines Mannes hin, der ein Zwillingsbruder des Gegangenen sein konnte. Nur etwas schmaler war er, und das eine Ohr erschien mir größer als das andere.

Er lächelte nachdenklich, nickte mir freundlich zu, entblößte seine gelben Zähne und sagte: „Bonjour!"

„Guten Tag, bitte zehn Briefmarken für Postkarten nach Europa!"

„Oooooooooooooh weiha", erwiderte er sinngemäß, dann hielt er einen Augenblick inne, als kommuniziere er mit seinem Gedächtnis. Er schaute mich aufmerksam an.

„Das ist nicht so einfach!" Er stand auf, holte sich ein längliches abgegriffenes Büchlein aus dem Regal und setzte sich langsam und umständlich hin.

Einige Sekunden lang herrschte Schweigen.

„Tja, wohin denn in Europa?"

„Alles für EU-Länder", erwiderte ich

Während der Wartezeit hatte ich viel Zeit, den Aushang zu studieren und dabei gelesen, dass die Postgebühren auf der Insel, als Mitglied der Europäischen Union, dieselben wie in ganz Frankreich sind.

Er blätterte von vorne nach hinten und wieder zurück und senkte seine Stimme.

„Das ist wirklich nicht so leicht", wiederholte er, „diese Gebührenhefte taugen nichts."

„Aber wir sind doch hier in der EU", sagte ich geduldig.

Der Postler holte sein Taschentuch hervor und wischte sich über die Stirn.

"Hier drin finde ich es nicht", beschied er mir, „aber das bekommen wir schon hin."

Er nahm das Telefon und erkundigte sich bei einem Kollegen.

Von diesem bekam er wohl eine andere Nummer, wählte erneut und wurde offensichtlich weiter verwiesen.

Schon beim dritten Versuch war er erfolgreich.

“Bonjour!”

Nach nur wenigen Minuten legte er auf; Auf seinem Gesicht spiegelte sich fundamentale Erkenntnis und er wandte sich mir entspannt zu.

„Das macht dann siebenundzwanzig Euro.”

„Sind Sie sich da sicher?”, fragte ich ihn. „Das kommt mir etwas viel vor.”

Er wirkte jetzt ein wenig befangen, wurde aber nicht aus der Fassung gebracht.

„Ja”, sagte er unschlüssig, „da haben Sie Recht; ich kann das noch mal checken.”

Er bückte sich und holte einen Stapel Papiere hervor!

Er sortierte die Formulare und schien zu finden, was er suchte. Es handelte sich um ein Formblatt, und er formulierte mit einem stumpfen Bleistift die Frage nach den Kosten für Postkarten in die EU.

Er schien eine privilegierte Stellung im Amt zu haben, denn nachdem er auf eine mir bisher verborgene Klingel gedrückt hatte, stand sofort ein junger Mann hinter ihm.

Der verschwand mit der Notiz und kam nach einer relativ kurzen Wartezeit mit dem Zettel und einem breiten Grinsen zurück.

Mein Gegenüber las ihn, freute sich wie ein Schneekönig und überbrachte mir die neue wichtige Information.

„Zehn Marken kosten neun Euro fünfzig!”, meinte er gutgelaunt. Seine glänzenden Augen suchten meine

Bestätigung.

Unwillkürlich musste ich an meine Oma denken. Wenn ich sie fragte, „warum weißt du das nicht, sagte sie immer: „Es gibt keine Menschen, die alles wissen. Außer auf der Post.“

„Prima, da hat sich Ihre Hilfe aber wirklich gelohnt”, lobte ich.

Er nahm seine Briefmarkenmappe und öffnete sie.

“Ohhhhhhhhh weiha”, tönte es wieder. Er blätterte und blätterte und hielt dann inne.

In ihm spielten sich offensichtlich gewisse Gemütsbewegungen ab, und die Röte stieg ihm ins Gesicht.

„Marken von fünfundneunzig Cent habe ich leider nicht; aber wissen Sie was, ich könnte Ihnen von den Achtzigern und Zehnern je zehn und von den 1-Cent-Marken fünfzig Stück geben.

Die Menschenmenge hinter mir war bedrohlich angewachsen, aber man nahm die langwierige Abfertigung mit der berühmten kreolischen Leichtigkeit des Seins hin. Kein Mensch regte sich auf oder zeigte irgendeinen Anflug von Missmut.

„Okay, machen wir es so”, sagte ich.

Bedächtig und mit unwillkürlicher Mimik riss er die Marken von größeren Bögen ab. Nachdem er alle vor sich liegen hatte, beschied er mir bestimmt: „Das geht so nicht, dann haben Sie gar keinen Platz mehr auf den Karten und können nichts über unsere schöne Insel schreiben.”

Er sah ein wenig betrübt aus und verstaute alle Marken wieder sorgfältig in der Mappe und klammerte sie mit Heftklammern an die entsprechenden Bögen.

„Ich könnte Ihnen Briefmarken von einem Euro verkaufen, aber dann bezahlen Sie 50 Cent zu viel.”

Ich fing an, diesen Mann einfach gernzuhaben.

Nachdem ich ihm erklärt hatte, dass ich gewillt war, dieses Opfer zu bringen, machte er sein Markenbuch wieder auf und trennte die Marken von den Bögen ab.

Hierbei wurde eine Briefmarke versehentlich etwas angerissen. Sofort steckte er alle Marken wieder ein, heftete sie an den Bogen und trennte sie dann konzentriert von einem anderen Blatt ab.

Jetzt wurden sie fein säuberlich in eine transparente Tüte verpackt, ich zahlte meinen Großeinkauf und bekam ordnungsgemäß eine Quittung über zehn Euro.

Mein Gegenüber wünschte mir noch einen schönen Urlaub und verabschiedete sich mit Handschlag.

Am Abend schrieb ich die Postkarten. Die Tüte mit den Marken war dreimal gefaltet. Ich öffnete sie vorsichtig und mit Respekt.

Sie enthielt zwanzig Briefmarken zu einem Euro.

Sparen mit der Bahn

Der Weg, der mich, begleitet von etlichen Entschuldigungen, über Dutzende von Koffern und Kartons durch fast alle Waggons des Zugs führte, kam mir in seiner Länge wie eine Ewigkeit vor. Endlich erspähte ich einen freien Sitz.

Neben einer sechsköpfigen italienischen Familie – die, wie sich später herausstellte, auf Heimaturlaub war – befand sich ein weibliches Wesen undefinierbaren Alters ein wenig abseits der kleinen Gesellschaft.

Die Frau hatte die roten Haare zu einem Pferdeschwanz gebunden und trug eine altmodische, ein wenig abgegriffene Brille. Der Vergleich mit einer mobilen Altkleidersammlung schien mir durchaus angemessen, denn es passte nichts zusammen. Ihre Sachen waren abgetragen und ein wenig schmuddelig.

Der hellgrüne Rock passte nicht zu den azurblauen Schuhen. Die Bluse schien ihr zu klein zu sein, und die Träger, die ihr beindruckendes Brustgebilde umspannten, sahen aus wie Haltekabel einer Hängebrücke.

Nach einer Weile stellte ich fest, dass der strenge Geruch, den ich schon beim Betreten des Abteils bemerkt hatte, nicht von den belegten Broten der Italiener, aber offensichtlich von ihr kam. Sie miefte!

Kurz nach Darmstadt öffnete der Schaffner schwungvoll die Tür und verlangte die Fahrkarten.

Unsere wurden zügig gelocht, doch die jetzt ein wenig fahrig wirkende Dame kramte intensiv in ihren Sachen herum.

„Ich bin sicher, ich habe die Fahrkarte, Herr Schaffner. Wissen Sie, ich glaube, ich habe sie so versteckt, dass ich sie nicht finde."

Der Schaffner rümpfte die Nase, warf ihr einen strengen Blick zu, nickte wortlos und wartete.

„Wissen Sie, ich habe sie schon mal verloren. Das soll mir nicht noch mal passieren."

Sie wirkte jetzt konfus und ein wenig verwirrt.

Sie kramte in ihrer Handtasche, in den Taschen ihres Kleides und suchte und suchte.

Urplötzlich sprang sie auf.

„Ach ja, jetzt fällt' s mir wieder ein!"

Sie stellte sich hin, zog den linken Schuh aus und hielt mit einem Freudenschrei den gesuchten Schein hoch.

„Sehen Sie, ich hab's doch gewusst, dass sie da ist!"

Der Schaffner bemühte sich, die jetzt noch intensivere Duftmarke zu ignorieren, nahm die Karte mit zwei spitzen Fingern, entwertete sie und gab sie postwendend zurück.

Nachdem er die Tür wieder hinter sich geschlossen hatte, wandte sie sich zu mir. Sie sah zufrieden aus, und ich blickte in zwei kleine listige Augen.

„Wissen Sie, der Fahrschein ist schon lange abgelaufen, aber richtig kontrolliert haben die ihn noch nie!"

Foxtrott Furioso

„Zieh doch deine Ausgehuniform an, Richard. Die Mädels stehen auf so etwas“, sagte Charly.

„Ach, ich weiß nicht“, entgegnete ich, „ich fühle mich in meiner Freizeit nach wie vor wohler, wenn ich Zivilklamotten trage.“

Wir saßen nebeneinander auf der blitzblanken Naturholzbank in der Umkleidekabine und schwitzten, obwohl wir ausgiebig geduscht hatten, immer noch nach.

Das Tennisspielen mit Charly macht immer Spaß, obwohl er mich mit seinen Stoppbällen und Lobs oft zur Verzweiflung bringt.

„Weißt du, Richard, du solltest mit deinem neuen Streifen auf dem Dienstanzug ruhig mal Gassi gehen. Immerhin gehörst du jetzt zu den Stützen unseres Vaterlands.“

Ende letzter Woche war unsere Offiziersanwärter-Ausbildung zu Ende gegangen, und wir waren beide vom Feldwebel zum Fähnrich befördert worden.

In der Feierstunde sprach der Oberst davon, dass die Luftwaffe Experten wie uns braucht und wie stolz wir darauf sein sollten, unserem Land in verantwortlicher Funktion dienen zu können.

Woraus die Aufgaben, die er ansprach, bestehen sollten, war uns zwar noch nicht klar. Wir gingen davon aus, dass wir das noch früh genug erfahren sollten.

Während wir das Tennisgelände verließen, insistierte Charly nochmals:

„Tu mir den Gefallen. Zieh deine Uniform an. Spiel ruhig mal den Affen. Zusammen sind wir unschlagbar.“

Zwanzig vor acht klopfte es an der Tür. In offenem Hemd machte ich auf.

„Junge, beeil dich, sonst sind die strategisch besten Plätze besetzt!“

Beim Kasino angekommen, fuhr gerade der Bus vor. Trotz der Tatsache, dass ich nicht tanzen kann, war der Inhalt des Busses ausschlaggebend dafür, mit Charly mitzukommen.

Er hatte erzählt, dass man zu dem Tanzabend, der immerhin zu Ehren unserer Beförderung stattfinden sollte, dreißig Krankenpflegerinnen aus dem neuen Krankenhaus eingeladen hatte.

Meine einzige Tanzerfahrung bestand aus einem Besuch in einem Schnupperkurs, den ich mit knapp neunzehn besucht hatte.

Ich war mir mit den dreizehn- und vierzehnjährigen Knirpsen vollkommen deplatziert vorgekommen und hatte mich nach zehn Minuten frustriert verdrückt.

Trotz dieses angeblichen Mankos entwickelte sich mein Verhältnis zum weiblichen Geschlecht zufriedenstellend.

Wir saßen noch keine fünf Minuten an unserem, zugegebenermaßen sehr strategischen Tisch, da erblickte ich sie. Sie saß mit drei jungen Mädchen zusammen und unterhielt sich angeregt. Ein blasses Gesicht. Die roten schulterlangen Haare fast ein wenig unordentlich. Sie erinnerte mich an eine schwedische Filmschönheit, deren Namen mir partout nicht einfallen wollte.

Ich konnte meinen Blick einfach nicht von ihr abwenden.

Nach einer Weile schaute sie auf. Sie lächelte in sich hinein, ließ ihren Blick durch den Raum schweifen, und …sah mich an.

Da sie mindestens zwanzig Meter von uns entfernt saß, war ich mir nicht ganz sicher, ob dieser Blick für mich bestimmt war.

Es war unwiderstehlich, wie sie graziös ihren Kopf hob und sich die Haare aus der Stirn strich.

Charly tanzte jeden Tanz. Meine Traumfrau tanzte nicht. Obwohl ich feststellte, dass sie häufig aufgefordert wurde, lehnte sie meistens freundlich ab.

Nach der zweiten kleinen Pause passierte es.

Der Leiter des Orchesters nahm das Mikrophon und verkündete, dass jetzt Damenwahl sei.

Sie erhob sich und kam schnurstracks auf mich zu.

„Hallo, darf ich bitten?“

Mir stockte der Atem. Mit hochrotem Kopf stand ich auf. Ich hatte das Gefühl, um einige Dezimeter zu schrumpfen. Trotzdem registrierte ich, dass sie fast einen Kopf kleiner war als ich.

„Tja, …Entschuldigung …wir haben …ich meine, ich habe …beim Laufen, nein eigentlich beim Tennis wollte ich sagen …nun ja, da habe ich eben einen Muskel verletzt.“

„Schade, das tut mir leid. Gute Besserung.“ Sprach‘s, drehte sich um und setzte sich wieder.

Nachdem Charly wieder zurück war, zog ich ihn am Ärmel: „Charly, ich möchte tanzen lernen. Kannst du es mir beibringen?“

Er schaute mich fragend an.

„Wieso ich. Wofür gibt’s denn Tanzschulen?“

„Nein, du verstehst mich nicht. Ich will es jetzt

lernen. Heute Abend noch. Sofort!"

„Hat das irgendwas mit der roten Hexe zu tun, die bei uns am Tisch war?"

„Und wenn schon. Kannst du oder kannst du nicht?"

„Ich könnte schon. Ich weiß nur nicht wo. Draußen ist es zu kalt."

Innerlich kapitulierte ich, und Charly machte sich auf zum nächsten tänzerischen Ausflug auf dem glatten Parkett des Kasinos.

Aufgeregt kam er einige Minuten später zu unserem Tisch.

„Du, Richard, ich glaube, dass könnte gehen. Das ist wirklich genial. Komm mal mit."

Wir gingen die Treppe hinunter. Charly öffnete die Tür zur Toilette.

„Was soll das werden?", fragte ich ihn.

„Du willst doch tanzen lernen. Ich war gerade hier unten und habe festgestellt, dass du die Band gut hören kannst. Und wenn man die Musik hört, kannst du auch darauf tanzen."

Die geräumige Toilettenanlage des Kasinos lag genau unter der Tanzfläche. Obwohl ein wenig gedämpft, konnten wir die Melodien tatsächlich gut hören.

„Komm her", sagte er. „Die spielen gerade einen Foxtrott. Ich führe jetzt. So hältst du meine Hand. Die ersten beiden Schritte werden langsam getanzt und die letzten beiden werden doppelt so schnell gesetzt … Nein, nicht so. Ja, so ist besser. Und jetzt den linken Fuß, ja richtig, und jetzt nach vorne. Gut, jetzt zählen wir. Eins, zwei, drei, vier. Ja, noch mal. Gut so. Sehr gut. Eins, zwei, drei, vier."

Die Tür ging auf. Ich kannte den jungen Leutnant

aus einem Kurs über Radartechnik. Er schaute mich an, schaute Charly an, zog die Schultern hoch und lief weiter. Nach einigen Dutzend weiteren Foxtrott-Schritten öffnete sich die Tür wieder.

Ein junger Fähnrich, der mit uns zusammen vereidigt worden war, lief strahlend auf uns zu.

„Hi Charly, hi Richard, ich habe immer gedacht, ihr steht mehr auf Mädchen. Sieht richtig elegant aus, wie ihr tanzt in euren schönen Paradeuniformen. Holt einer von euch mich bitte bei der nächsten Damenwahl?"

Ich hatte das Gefühl, puterrot zu werden. Charly tanzte ungerührt weiter.

„Jetzt links, und wieder nach vorne, und rechts. Nein, so nicht, denke daran, es ist Viervierteltakt und wieder … Und eins, zwei, drei, vier."

Nur einige Minuten tanzten wir ungestört, bis die Tür wieder aufging.

Ein älterer Major, den ich nicht kannte, kam hinein.

„Na, ihr Buben, ihr seid ja ein hübsches Pärchen. Tanzt ihr so schlecht, dass man euch nach unten verbannt hat?"

Ich setzte an: „Nein, Herr Major, es ist nämlich …"

Aber er war schon hinter der Wand verschwunden.

„So, Richard, das muss reichen. Wir sind schon eine Viertelstunde weg. Wer weiß, was ich oben alles verpasst habe."

Nachdem wir wieder am Tisch saßen, wollte Charly wissen, ob ich mich jetzt traue, mit der Rothaarigen zu tanzen.

„Siehst du überhaupt, dass sie die ganze Zeit hierher schaut?"

„Klar sehe ich das", sagte ich tapfer. „Ich trinke erst noch ein Bier und dann ziehe ich in den Kampf."

Just in dem Moment, als ich mein Glas leer hatte,

fing die Gruppe wieder an zu spielen.

„Jetzt oder nie“, sagte ich mir und stand ruckartig auf.

„Moment, Moment, Richard, das haben wir nicht geübt, das ist ein Walzer. Ich sage Bescheid, wenn sie etwas Passendes für dich spielen.“

Schon beim nächsten Lied war es soweit. Charly gab mir grünes Licht.

Beim Tisch der Schönen angekommen, verbeugte ich mich, linkisch wie mir schien.

Immerhin hatte ich diese Geste von meinem damals absolvierten Zehn-Minuten-Kurs in Erinnerung behalten.

„Darf ich bitten?“

Sie stand sofort auf.

„Gerne. Hat deine Muskulatur sich wieder erholt?“

„Wie …was …oh ja, ist schon wesentlich besser. Wenn wir es ein wenig vorsichtig angehen lassen, wird’s schon klappen.“

Konzentriert machte ich die ersten Schritte. Ich war sehr unsicher.

Nach kurzer Zeit hatte ich das Gefühl, dass sie mich mehr führte als ich sie.

Was sollte ich machen? Aufpassen und zählen. Eins, zwei, drei, vier.

„Du redest nicht viel, gell?“

„Nein, ich muss zählen!“

„Was musst du?“

Ich tat so, als ob ich die Frage überhört hätte.

„Ich heiße Richard, und du?“

„Rosie. Wo kommst du her, Richard?“

Wir stellten fest, dass unsere Geburtsorte nur etwa zwanzig Kilometer auseinander liegen. Rosies Eltern waren vor vielen Jahren aus beruflichen Gründen in diese Gegend gezogen.

Rosie hatte nach dem Abitur Krankenpflegerin gelernt und gerade ihr Examen bestanden.

Ich erzählte, dass auch ich meine Ausbildung abgeschlossen hatte und fragte sie, ob das nicht ein guter Grund wäre, hierauf mal einen trinken zu gehen.

Sie schaute mich ein wenig schelmisch an: „Mit deinem Mund scheinst du schneller zu sein, als mit deinen Füßen. Wenn's deinem ramponierten Muskel wieder bessergeht, können wir vielleicht mal darüber reden."

„Super, Rosie. Du kannst mir glauben, dass solche Aussichten meinen Genesungsprozess gewaltig beschleunigen werden."

Der Bandleader sagte eine kleine Pause an.

„Sag mal, Rosie, kann man bei einer solchen Veranstaltung den nächsten Tanz reservieren?"

„Kann es sein, dass du nicht so häufig zum Tanzen gehst?"

Sie hatte etwas verblüffend Fröhliches an sich.

„Ja, Richard, man kann tatsächlich Wünsche anmelden. Bei wem möchtest du den nächsten Tanz bestellen?"

„Wenn du ihn für mich reservierst, werde ich deine erste Frage wohl oder übel beantworten müssen."

Charly saß schon am Tisch. „Mensch, was habt ihr euch alles bloß zu erzählen gehabt? Wie ist sie denn, deine Hexe?"

„Sie ist ganz o.k.", sagte ich cool.

„Na, das ist für deine Verhältnisse ja ein großes Kompliment. Wie sehr hast du ihre Zehen traktiert?"

„Kann nicht so schlimm gewesen sein, sie will wieder mit mir tanzen!"

„Gratulation. Ich glaube, du musst deinem Tanzlehrer einen ausgeben."

Das kleine Orchester fing mit einem Jive an. Ich schaute Charly fragend an. Er nickte zustimmend. „Wird schon gehen. Sorge nur dafür, dass du im Takt bleibst. Du weißt schon: eins, zwei, drei, vier."

Im Nu war ich auf der anderen Seite des Saales und machte meine obligatorische Verbeugung. Rosie lächelte mich an. Ich schmolz dahin.

Erst jetzt fielen mir die Sommersprossen in ihrem Gesicht auf.

Es müssten hunderte sein. Sie sah hinreißend aus.

„Nun, Richard, nach deiner Ankündigung bin ich richtig gespannt auf deine Beichte."

Und ich schilderte die ganze Geschichte.

Wie ich sofort, als ich sie gesehen hatte, das Bedürfnis verspürte, sie kennenzulernen. Wie ich von Charly die Tanzstunde bekam.

Bei der Schilderung meines ersten Foxtrotts auf der Toilette, prustete sie so los, dass sie vollkommen aus dem Tritt kam.

Bei der Wiedergabe der Kommentare der Offiziere, die das Örtchen besuchten, lachte sie aus vollem Halse. Es amüsierte sie alles sehr, und sie konnte gar nicht mehr aufhören.

Wir tanzten gerade an ihrem Tisch vorbei.

Rosie unterbrach ihr helles Lachen für einen Augenblick.

„Moment, Moment mal, Richard, das ist alles zu komisch. Ich muss etwas trinken."

Sie nahm einen großen Schluck aus ihrem Glas, bekam einen weiteren Lachanfall und kam auf mich zu. Die Tränen standen ihr in den Augen.

Vielleicht war dies der Grund, dass sie die kleine Erhöhung am Ende der Tanzfläche übersah. Sie strauchelte, ging einen Schritt zurück, rutschte weg und saß plötzlich am Boden, ihr weißer Plisseerock bühnenreif um sich drapiert.

Sie bekam einen weiteren Lachanfall und blieb sitzen.

Besorgt kniete ich neben ihr und nahm ihre Hand.

Sie schaute mich amüsiert an: „Gute Nachrichten, Richard. Dein Leidensweg ist für heute vorbei. Ich habe meinen Fuß verstaucht.“

Sie lachte immer noch, während sie ihren Arm um meinen Hals legte, ihren Kopf an mich schmiegte und behutsam humpelnd zu ihrem Tisch ging.

Die Luft anhalten

Den Damen im Büro fiel sofort auf, dass Sandro die Krawatte, die sie ihm zum Geburtstag geschenkt hatten, tatsächlich trug.

Mit seinem blauen Anzug, dem gestreiften dunkelblauen Hemd und seinen vollen schwarzen Haaren sah er gut aus. Sehr gut sogar!

Sandro setzte sich seinem Chef gegenüber, legte seine Fahrermütze auf die Ecke des Schreibtisches, schob seine randlose goldfarbene Brille nach oben, schaute auf die Uhr und sagte: „Na, wie sieht's aus, Herr Fischer?"

„Gut sieht's aus, Sandro. Die Herren sind noch beschäftigt. Meiner Ansicht nach kann´s nicht mehr lange dauern. Mr. Morimoto muss hundemüde sein. Erst der lange Flug von Tokio nach Frankfurt, dann die stundenlange Verspätung des Fliegers. Er kam bestimmt nicht vor zwei ins Bett. Und jetzt tagen sie schon fast sieben Stunden."

„Na, wenigstens gab es etwas Gutes zu essen im Kasino. Ich habe gehört, dass man französisch gekocht hat. Wohl extra für ihn. Gut, der Präsident kommt auch nicht jeden Tag. Es muss schon über fünf Jahre her sein, dass sein Vorgänger unsere Niederlassungen besucht hat."

Alessandro, wie er eigentlich hieß, war ein Multitalent und identifizierte sich hundertprozentig mit der Firma. Er war Sohn eines italienischen Vaters und einer deutschen Mutter und wurde in New-Jersey geboren. Nach der Scheidung seiner Eltern ging er, gerade fünfzehn, mit seiner Mutter nach Deutschland.

Obwohl seine Schulbildung, gelinde gesagt, zu wünschen übrig ließ, boxte er sich durch. Eines Tages wurde Fischer auf Sandro aufmerksam, der in einer Putzkolonne arbeitete und nach Dienstschluss die Räume der Geschäftsleitung säuberte.

Da Sandro nicht nur deutsch, sondern auch englisch und italienisch sprach und offensichtlich handwerklich begabt war, stellte er ihn als Gehilfen des Hausmeisters ein. Er bewährte sich schnell, und bald wurden ihm verantwortliche Aufgaben übertragen, die er zügig und zur vollen Zufriedenheit ausführte.

Nachdem der langjährige Fahrer der Firma einen Unfall mit Fahrerflucht gebaut hatte, musste er entlassen werden.

Dem Vorschlag von Herrn Fischer, Sandro einzusetzen, wurde gleich entsprochen. Mit Erfolg: Sandro fuhr sicher und zügig.

Fischer angelte sich die Wiedervorlagenmappe.

„Übrigens, Sandro, hier ist eine Kopie der Mail vom Interconti in Berlin mit den Reservierungsbestätigungen eurer Zimmer. Sorge bitte dafür, dass Mr. Morimoto spätestens um neun Uhr geweckt wird. Der Boss holt ihn persönlich um halb elf ab. Ihr fahrt dann zu dritt ins Büro, und du fährst ihn nach der Besprechung wieder zurück nach Frankfurt.

Kurz nach vier Uhr rief der deutsche Geschäftsführer, Herr Andres, an.

„Herr Fischer, wir sind so gut wie fertig. Wir sind in fünf Minuten bei Ihnen. Ist der Fahrer startbereit?“

„Ist alles geregelt, Herr Andres. Sobald Herr Morimoto bei uns ist, kann's losgehen!"

Sandro, der den Hinweis mitbekam, stand auf. „Ich wasche mir noch mal schnell die Hände. Bin sofort wieder da."

Er eilte den Korridor entlang und verschwand in der Personaltoilette.

Nicht mal drei Minuten später standen die Herren Andres und Morimoto in Fischers Büro.

„Wo ist denn unser Fahrer?", fragte der Chef.

In diesem Moment kam Sandro atemlos herangeeilt.

„Entschuldigung. Es kann jetzt losgehen. Der Wagen steht schon vor der Tür."

Zu dritt begleiteten sie Herrn Morimoto zum Auto.

Er verabschiedete sich von uns mit Handschlag und einer leichten Verbeugung: „Thank you. Thank you very much."

Er setzte sich hinten in den Wagen und Sandro fuhr los. Zurück in seinem Büro, stellte Fischer fest, dass Sandro in der Eile seine Fahrermütze vergessen hatte.

Kurz vor Mitternacht fuhr Sandro mit dem Vorstandsvorsitzenden beim Interconti in Berlin vor.

Morimoto hatte seine Jacke und Krawatte ausgezogen und versucht ein wenig zu schlafen. Es gelang ihm nicht, der Jetlag war zu groß. Nach der Strecke voller LKWs und Baustellen war Sandro froh, als sie endlich angekommen waren. Auch er war müde.

Nachdem der Portier mit dem Ausladen von Koffern eines Busses beschäftigt war, nahm Sandro die beiden kleinen Koffer von Morimoto. Er stellte sie ab und begab sich zum Empfang. Noch bevor die Gruppe der Busreisenden vor ihm abgefertigt waren, gesellte sich Morimoto zu ihm und wartete stumm ab. Sandro nannte den Namen der Firma und erklärte, dass zwei

Zimmer von Frankfurt aus bestellt worden seien.

Der höfliche junge Mann bestätigte die Reservierung und hieß beide Herren willkommen. Er führte aus, dass wegen Renovierungsarbeiten nicht alle Zimmer zur Verfügung stünden. Und er freute sich im Namen der Direktion, ein besseres Zimmer zum gleichen Preis anbieten zu können. Sandro legte ihre Anmeldeformulare auf den Tresen. Der junge Angestellte, der zwischenzeitlich ein Telefonat beendet hatte, nahm beide Papiere und stand auf.

Er kam mit zwei Schlüsseln wieder. Mit einem höflichen Hotelblick sah er beide kurz an und schob ihnen jeweils einen Schlüssel zu.

„Wünsche Ihnen eine gute Nacht und einen schönen Aufenthalt in unserem Hause."

Sandro war jetzt hundemüde. Er schloss seine Tür auf und staunte nur noch. Sein Zimmer war ein komplettes Appartement. Es war bestimmt größer als seine Dreizimmerwohnung in Bad Soden. Auf einem kleinen Beistelltisch stand eine Flasche Champagner. Auf der goldumrandeten Karte ein Gruß mit den Komplimenten des Hauses. Er schob den Vorhang auf. Der Blick auf Berlin war fantastisch.

„Mama mia", rief er aus „ das ist eine richtige Pascha-Suite. Womit habe ich das verdient?"

Er machte die Flasche auf. Schon nach einem Glas stellte er den Wecker, legte sich auf das überproportional große King-Size-Bett und schlief sofort ein.

Nach dem Frühstück weckte er Mr. Morimoto wie vereinbart um neun Uhr, unterschrieb die Hotelrechnungen, steckte die Kopien ein und fuhr anschließend mit dem Wagen durch eine Waschstraße.

Bei seiner Rückkehr saß der Geschäftsführer der

Berliner Filiale schon im Foyer und trank Tee. Zusammen mit Herrn Martens, den Sandro schon bei anderen Gelegenheiten kennengelernt hatte, warteten sie, bis Mr. Morimoto gefrühstückt hatte. Pünktlich erschien der Präsident in der Hotelhalle.

Sandro fuhr das Auto vor. Die beiden Herren setzten sich nach hinten. Herr Martens fing einen Small Talk mit seinem höchsten Boss an.

„Wie war Ihr Besuch in Frankfurt, Mr. Morimoto? Sind Sie in Sachen der Fusionierung weitergekommen?"

„Leider nicht, Herr Martens, wir brauchen mehr Informationen aus den USA.

Ich gehe davon aus, dass diesbezüglich schon Mails bei Ihnen im Büro vorliegen."

„Wie war das Hotel? Waren Sie zufrieden?"

Mr. Morimoto zögerte ein wenig.

„Nun, das Zimmer und das Bett waren im Vergleich zu Frankfurt ein wenig klein. Allerdings sehr sauber. Ich hatte einen wunderschönen Blick auf Berlin, denn das Zimmer war ganz oben direkt unter dem Dach. Man musste beim Aufstehen etwas aufpassen, dass man nicht an den Querbalken stieß. Ein wenig hellhörig war es schon. Die Menschen in Berlin stehen offensichtlich früher auf als in Frankfurt.

Sandro war bei der Unterredung immer kleiner geworden. Regelmäßig in den Rückspiegel schauend, angelte er vorsichtig die Rechnungskopien des Hotels aus seiner Innentasche. Er legte sie auf sein Knie und faltete sie vorsichtig auf. Auf seinen Namen war eine Suite à Euro 395,-- ausgestellt. Der Vermerk auf Mr. Morimoto' s Kopie gab ihm den Rest: Fahrerzimmer: Sonderpreis 75,- Euro.

Das Thema zwischen den Herren auf dem Rücksitz wechselte.

Abends fuhr er Mr. Morimoto wieder zurück nach Frankfurt und am nächsten Nachmittag zusammen mit dem deutschen Geschäftsführer zum Flughafen. Die beiden unterhielten sich über die Ergebnisse der letzten Tage.

Kurz bevor sie die Autobahn verließen, sprach Mr. Morimoto die Kostenthematik des Unternehmens an.

„Ich wollte nochmals eindringlich auf unsere Sparmaßnahmen hinweisen. Sie können sich bestimmt an die diesbezügliche Anweisung erinnern, die Ihnen Anfang des Jahres zuging. Wir müssen weltweit sparen. Übrigens, die Filiale in Berlin ist ein gutes Beispiel dafür, wie man sparen kann."

Er angelte seine Kopien der letzten Übernachtungen aus der Jackentasche.

„Wissen Sie, die Berliner haben mich in ein Zimmer einquartiert, das nur ein Bruchteil von dem in Frankfurt gekostet hat! Das ist ein guter Sparansatz!"

Sandro verschluckte sich so heftig, dass er beinahe die Gewalt über den Wagen verlor. Mr. Morimoto klopfte ihm leicht auf die Schulter, steckte die Papiere wieder ein und sagte: „Einen solchen Schluckauf bekommen Sie am leichtesten weg, wenn Sie die Luft kurz anhalten!"

Senior Moments

Es war schon sehr vorteilhaft, dass die nette Kneipe so nah beim Hotel lag.

Der Tag war lang gewesen. Das Flugzeug hatte Verspätung und der Leihwagen war nicht angesprungen. Trotz Navigationsgerät waren wir in der Altstadt von Marseille gelandet, obwohl unser Domizil sich gut zehn Kilometer außerhalb der Metropole befand.

Die charmante Dame am Empfang unseres Hotels hatte uns das kleine Lokal, das sich in Laufnähe befand, empfohlen. Nachdem sie merkte, dass es mit unserem Französisch ein wenig haperte, sprach sie uns auf Englisch an.

„Sie hatten einen langen Tag. Schauen Sie sich die Stadt morgen an. Die läuft Ihnen nicht weg." Sie blickte auf unsere Anmeldung. „Sie sind vier Tage hier, da bleibt Ihnen Zeit genug. Es wird bald dunkel und außerdem soll's regnen. Das Essen bei Chez Antoine ist sehr gut."

Unsere beiden Freunde waren mit dem Vorschlag einverstanden, und eine Stunde später saßen wir an einem alten Holztisch in dem urgemütlichen Lokal, das mit vielen alten interessanten Gegenständen dekoriert war. Petra und Ilse thronten auf einer alten Kirchenbank, auf der mit Stickereien verzierte Kissen lagen. Manfred und ich saßen auf einfachen Eichenstühlen, die laut unserer Bedienung angeblich noch aus der

Küche von Sonnenkönig Ludwig XIV. stammen sollten.

Die Fotos an der Wand zeigten bekannte und unbekannte Persönlichkeiten. Neben mir hing ein Bild mit Unterschrift, das Brigitte Bardot zeigte. Trotz der Tatsache, dass es relativ klein und ein wenig vergilbt war, konnte man erkennen, dass die Dame einmal recht gut ausgesehen hatte, bevor sie später den bedrohten Tierarten, denen sie sich zuwandte, recht ähnlich wurde und zur Seehundfrau mutierte.

Das Essen war hervorragend. Der Wein passte gut dazu. Drei Stunden und ein halbes Dutzend Flaschen später machten wir uns, recht angeheitert, auf den Weg ins Hotel. Da wir unbeirrt in die falsche Richtung liefen, schafften wir die knapp zweihundert Meter zu unserer Unterkunft im Schildkrötentempo von gut vierzig Minuten. Erst das Schild mit dem Wort „Ortsende, wir bedanken uns für Ihren Besuch“, bewegte uns dazu umzukehren.

Nach einem typisch französischen Frühstück mit Croissants, Marmelade und Kaffee fuhren wir ins Stadtzentrum und parkten in einem Parkhaus in der Nähe des alten Hafens. Wir schlenderten durch die Hafenanlagen, schauten uns das Fort St-Jeans, die Börse und die Kathedrale an.

Schließlich landeten wir auf einem sehenswerten Trödelmarkt. Obwohl uns natürlich bewusst war, dass jeder dritte Einwohner nicht im Land selbst geboren, sondern eingewandert war, kamen wir uns hier eher wie auf einem afrikanischen Markt vor, auf dem sich auch einige Touristen verirrt hatten.

Unsere Damen schauten sich Porzellan und Glas an, während wir Männer mehr Spaß an der Technik hatten.

Beim Betrachten einer alten Lumière Kamera, kam ich ins Gespräch mit einem betagten Herrn. Er war genau vor fünfzig Jahren mit seinen Eltern eingewandert und liebte seine Stadt.

„Wissen Sie, Monsieur, die Pariser sprechen über eine stinkende kriminelle Fischerstadt, wenn sie über uns berichten. Das stimmt nicht, für mich ist es der schönste Ort der Welt. Außerdem sind wir die zweitgrößte Stadt in Frankreich.

Lyon will das zwar nicht wahrhaben, aber es stimmt. Es wohnen weit über eine Million Leute hier."

Zwischenzeitlich waren die Frauen wieder zu uns gestoßen.

„Ist nicht mal Zeit für einen Kaffee?", fragte Petra.

„Etwas zu futtern dazu würde ich auch glatt vertragen", ergänzte Ilse. „Mit einem französischen Frühstück kann ich einfach keine Stadt erlaufen. Schau mal da, neben der Boutique, die Cafeteria sieht nett aus. Ich lade euch ein."

Der Café au Lait schmeckte gut, und die kleine Torte besänftigte die ersten Anflüge unserer Hunger-Attacke. Ilse verlangte nach der Rechnung und bückte sich nach ihrer Tasche. Sie schaute nach links, sie schaute nach rechts. Sie hockte sich neben ihren Stuhl und inspizierte den Boden.

Mit hochrotem Kopf stand sie wieder auf: „Meine Tasche ist geklaut!"

„Was, das gibt's doch nicht", sagten Petra und ich gleichzeitig.

„Schaut selbst", sagte sie. „Sie ist weg!"

Auch unser Suchen brachte nichts.

„Weißt du genau, dass du sie mit hereingebracht hast?", wollte ich wissen.

„Nein, nicht hundertprozentig. Auf dem Markt

hatte ich sie auf jeden Fall noch. Vielleicht ist sie da schon gestohlen worden! Mensch, im Portemonnaie waren dreihundert Euro. Und wenn ich an die Papiere in der Brieftasche denke. Den Ausweis, den Führerschein, die Kreditkarte. Nein, es darf nicht wahr sein!“

Nachdem wir die Bedienung im Lokal informiert hatten, wie die braune fehlende Tasche aussah und mit welchen Utensilien sie bestückt war, gingen wir nochmals zum Markt.

Wir besuchten alle Stände, bei denen die Frauen sich aufgehalten hatten.

Ilses Standardaufforderung bei allen Verkäufern lautete: „Quand vous trouvez un sac, c'est moi!“ „Wenn Sie eine Tasche finden, das bin ich!“

Nach einer guten Stunde gaben wir es auf. Die Tasche blieb verschwunden.

Unser nächster Gang führte uns zur Polizei. Die kleine Dienststelle war nur mit einem Polizisten besetzt, der gerade eine Anzeige einer belgischen Familie aufnahm.

Man hatte doch nur ein paar Baguettes kaufen wollen. Das Ehepaar war mit der Mutter ins Geschäft gegangen, während Opa aufs Auto aufpassen sollte.

Der wollte sich allerdings in der Zwischenzeit kurz die Beine vertreten und schaute sich, kaum zehn Schritte vom Auto entfernt, das Schaufenster eines Sex-Shops an.

Erst nachdem er sich plötzlich mit einem schuldbewussten Blick zu den dreien in der Bäckerei gesellte, war klar, dass etwas nicht stimmte.

Das Auto, inklusive Gepäck für zwei Wochen Urlaub, war spurlos verschwunden.

Der Polizist füllte die Anzeige noch auf einer altersschwachen Schreibmaschine aus.

Obwohl der Fahrer relativ cool blieb, gaben Mutter und Tochter sich empört.

Und Opa beklagte sich lauthals darüber, dass die Diebe keinen Respekt mehr vor dem Alter hätten: „Stellen Sie sich das mal vor, Monsieur le Commissaire, die Ganoven haben sogar mein Gebiss geklaut!"

Endlich waren wir an der Reihe.

Nachdem alle Modalitäten aufgenommen und eine Anzeige gegen Unbekannt gestellt worden war, machten wir uns gegen vier Uhr mit einer Kopie des Schriftstücks auf den Heimweg. Wir parkten vor dem Hotel.

Der Tag war mehr oder weniger verloren. Da die Stimmung ein wenig gedrückt war, lud ich die anderen zu einem Drink ein.

Dieses Mal wussten wir genau, wie wir zu „Chez Antoine" kommen mussten.

Das Lokal war schwach besetzt. Nur an dem langen Tisch vor dem Fenster unterhielten sich ein paar Leute beim Kaffee.

Wir steuerten intuitiv auf unseren gestrigen Tisch zu.

Dieses Mal setzten wir Männer uns auf die Kirchenbank, während die Frauen sich uns gegenübersetzten.

Nach zwei Gläschen Rosé fühlten wir uns wesentlich besser. Wir beschlossen, einen Rundgang durch den kleinen Ortsteil zu machen.

Die Damen wollten sich vorher noch kurz frisch machen und verschwanden kichernd im hinteren Teil des Lokals.

Während ich meine Beine nach hinten streckte, stieß ich mit meinem Fuß an etwas Weiches unter der

Kirchenbank. Mit meiner Fußspitze angelte ich es hervor. Ich erkannte die braune Damentasche sofort. Es war Ilses gestohlene Tasche. Ich stellte sie so auf meinen Schoß, dass sie von der anderen Seite durch den Tisch verdeckt war und deutete Manfred an, still zu sein, denn unsere Frauen kamen wieder zurück.

Nachdem der Kellner die Rechnung auf einem kleinen Teller dezent hingestellt hatte, bat ich Ilse zu zahlen. Ich drückte ihr ihre Tasche in die Hand.

Sie griff automatisch rein und holte ihr Portemonnaie heraus. Sie nahm die Rechnung, schaute sie an, guckte auf ihre Geldbörse und ihre Tasche, stieß einen spitzen Schrei aus und ließ alles wie heiße Kartoffeln fallen.

„Nein, nein, wie …, was … das gibt's nicht! Träume ich? Ich träume. Wo kommt die Tasche her?"

Sie hob sie wieder auf und untersuchte den Inhalt. „Es ist alles da, das ist unglaublich. Wo habt ihr sie her?"

„Der Kommissar hat sie gefunden. Er hat sie unter die Kirchenbank gelegt", sagte ich ein wenig spöttisch.

Sie schaute mich einige Sekunden sprachlos an. „Mensch, bin ich blöd. Die liegt hier tatsächlich seit gestern Abend. Ich habe sie heute gar nicht mitgehabt. Ob das meine ersten „Senior Moments" sind? Ich gebe noch einen aus. Und das Essen heute Abend geht auch auf meine Rechnung."

Wandernieren

Der unbekannte Fremde war großzügig, er gab schon die zweite Runde aus, und Ansis fühlte sich großartig. Er konnte sich einen Kneipenbesuch nur höchstens einmal im Monat leisten, und just an diesem Abend hatte er das Glück, dass einige Runden geschmissen wurden.

Ansis war der jüngste Sohn eines kleinen litauischen Bauern und lebte hauptsächlich von Gelegenheitsarbeiten. Nur im Erntemonat durfte er seinen Brüdern auf dem Hof helfen. Obwohl er nicht unbedingt über eine überdurchschnittliche Auffassungsgabe verfügte, waren seine Auftraggeber doch zufrieden mit der Ausführung der – meist einfacheren – Aufgaben.

Der freigiebige Fremde bat Ansis an seinen Tisch und spendierte ihm ein drittes Glas. Er stellte sich dem Bauernsohn als Slawo vor und sprach in einem undefinierbaren Kauderwelsch auf Ansis ein.

Viel verstand Ansis nicht, aber er lächelte den Ausländer von Zeit zu Zeit an und nickte zustimmend in der Hoffnung auf eine weitere alkoholische Erfrischung.

Unverkennbar war allerdings, dass Slawo etwas von ihm wollte.

Nach einer halben Stunde und einem weiteren Hochprozentigen hatte er so viel verstanden, dass es um eine Woche Arbeit und viel Geld ging. Auch die Summe von fünfhundert Euro war ihm nicht entgangen, denn Slawo bestätigte sie auf einem Bierdeckel.

Nur die Art der Arbeit war Ansis noch nicht klar. Slawo sprach immer von „Niere“ und „Deutschland“. Mit dem Wort „Niere“ konnte Ansis nichts anfangen.

Slawo versuchte den Begriff zu verdeutlichen und zeigte auf Ansis Körper. Dieser verstand immer noch nicht und zuckte mit den Schultern.

Der Ausländer deutete jetzt auf seinen eigenen Körper und wiederholte:

„Hier Niere, hier Leber, hier Herz.“

Nachdem Ansis Gesicht ausdruckslos blieb, schrie Slawo auf: „ Mensch, Niere, wie Nierenstein“, und er krümmte sich vor Schmerzen.

Jetzt hellte sich Ansis Miene auf, Nierstein, ja, dieser Name war ihm in guter Erinnerung.

Es war noch keinen Monat her, dass sein Schulfreund Jürgis geheiratet hatte.

Ansis hatte mit seinen Brüdern am Tisch des Brautpaares gesessen, und man hatte zu acht immerhin vier Flaschen Schnaps und mindestens zwei Dutzend Flaschen Niersteiner Wein getrunken.

Der Wein war teuer, kam wohl aus Deutschland und hatte ganz prima geschmeckt.

Nachts war's ihm allerdings fürchterlich schlecht geworden, und dabei hatte er sich genauso gekrümmt wie bei Slawos Demonstration.

Langsam begriff Ansis die Zusammenhänge. Er erkundigte sich, wann es losgehen würde und wie er nach Deutschland käme. Nachdem Slawo ihm versichert hatte, dass man die Busreise bezahle und Ansis die Hälfte der Summe bei Ankunft in Deutschland und den Rest bei der Rückfahrt nach der einen Woche bekommen würde, schlug er ein, bedankte sich bei dem edlen Spender und machte sich auf den Heimweg.

Zu Hause angekommen, erzählte er seiner Mutter begeistert, dass er am Montag nach Deutschland fahre und für eine Woche Arbeit bei der Weinlese fünfhundert Euro bekomme.

Die Mutter schlug die Hände über dem Kopf zusammen und bekreuzigte sich:

„Fünfhundert Euro, das verdienen deine Brüder nicht mal in einem halben Jahr; das ist unglaublich. Bist du sicher, dass das alles mit rechten Dingen zugeht? Ist es nicht etwas Kriminelles? Hast du auch richtig verstanden?“

Ansis versicherte ihr, dass es überhaupt keine Missverständnisse geben könnte und fing bald an, für das Abenteuer zu packen.

Pünktlich um fünf Uhr in der Früh fand Ansis sich am nächsten Montag vor dem kleinen Dorfbahnhof ein. Der VW Bus mit dem deutschen Kennzeichen war schon da. Slawo begrüßte Ansis wie einen alten Freund. Er legte ein Papier auf den Kotflügel. „Hier musst du noch unterschreiben.“

Ansis überflog das Blatt. Da er weder die Überschrift „Schenkung zwischen Spender und Empfänger“, noch das restliche Schreiben richtig verstand, schaute er nach, ob wenigstens die fünfhundert Euro aufgeführt wurden. Er fand sie nicht und hielt Slawo fünf Finger vor die Nase. „Es jūu nesaprotu. Atvainojiet, piece simt.”

„Das geht schon alles klar, Ansis.“

Slawo zeigte dem Bauernsohn einen Briefumschlag. „Schau mal, hier ist deine Anzahlung.“

Nachdem Ansis die Summe überprüft hatte, lächelte er breit und unterschrieb.

Slawo steckte das Geld wieder ein und öffnete energisch die Schiebetür des Wagens. „Steig nur ein, mein Junge, wir müssen los."

Jetzt erst bemerkte Ansis die in schlichtes Schwarz gekleidete junge Frau auf dem Rücksitz des Busses und grüßte höflich. Sie reagierte nicht.

Sie fuhren Richtung Westen und schon bald kannte Ansis die Straßen und die Dörfer nicht mehr. Die Fahrt war an- und aufregend, und er blickte staunend auf die unbekannte neue Welt.

Ansis fragte Slawo, ob die Arbeit im Weinberg denn schwer wäre und wann sie aufstehen müssten; aber der brummelte nur etwas in sich hinein, und Ansis ließ die Fragerei bald sein.

Am späten Abend überquerten sie die deutsche Grenze.

Ansis hatte nach wie vor kein Wort mit der schönen Unbekannten gesprochen. Er nahm an, dass auch sie Ausländerin sei und ihn nicht verstand.

Slawo verließ jetzt die Autobahn. Der Bus näherte sich einer Kleinstadt.

Er parkte auf einem großen Platz, bat die beiden um etwas Geduld und verschwand. Ansis stellte fest, dass die Frau unruhig wurde und anfing, leise in sich hinein zu weinen.

Er drehte sich um und sagte halblaut: „ Ist doch halb so schlimm, eine Woche Arbeit, das kann doch wirklich nicht so hart sein."

Sie schaute ihm jetzt ins Gesicht und antwortete in seiner Muttersprache:

„Du Simpel, was haben sie dir denn erzählt? Der Typ ist ein Organvermittler. Die operieren uns eine Niere weg und dann können wir - wenn wir Glück haben - in einer Woche wieder nach Hause fahren."

Ansis blieb einige Minuten ganz still sitzen. Er überlegte und dachte nach.

Die Gespräche in der Kneipe, das schnell verdiente viele Geld, seine skeptische Mutter. Er ahnte, dass sein Gegenüber Recht hatte.

„Aber, aber …“, stotterte er, „was ma… machst du dann hier?“

„Es gibt keine andere Möglichkeit; ich habe kein Geld und keinen Mann.

Ich mache es für meine kleine Tochter. Ich will dich nicht mit Einzelheiten nerven, und außerdem möchte ich nicht darüber reden.“

Der junge Mann schob abrupt die Seitentür des Busses auf, nahm seine Tasche und verabschiedete sich von der Frau: „Wie heißt du überhaupt?“

„Ich heiße Sigita“, antwortete sie ungeduldig. Er schaute sie einige Sekunden nachdenklich an. „Du bist wohl eine gute Mutter, Sigita.“

Der Anflug eines traurigen Lächelns ging über ihr Gesicht, und sie sagte leise: „Danke.“

Während Ansis die Straße überquerte, sah er, dass Slawo wieder auf den Bus zukam.

Ansis drehte sich sofort um und rannte mir genau ins Auto rein.

Ich kehrte gerade von einer Reportage bei einem Wirtschaftsverband zurück und war auf dem Weg in die Redaktion. Glücklicherweise fuhr ich relativ langsam, sodass Ansis nur im Zeitlupentempo über meine Motorhaube abrollte und neben dem Wagen liegen blieb.

Ich war sofort neben ihm. Der mir da noch unbekannte Mann schaute mich ein wenig benommen an.

„Ist Ihnen was passiert? Sind Sie verletzt?“

„Kas, ka, kas?“

„Wie bitte?“ Ich deutete auf seine blutende Hand, die anschwellende Beule auf der Stirn und die zerrissene Jacke.

„Ne, paldies, paldies, labi.“

Langsam und ein wenig unsicher stand er auf. Er schwankte. Nervös schaute er sich um.

„Ich fahre Sie kurz ins Krankenhaus. Sie sollten sich röntgen lassen.“

„Es juu nesaprotu. Paliga, paliga!“ Aufgeregt machte er eine stichartige Bewegung, während er auf seinen Bauch deutete.

Ich nahm ihn am Arm und zeigte auf den Beifahrersitz.

Er setzte sich vorsichtig hin, schaute mich an und deutete auf seine Brust:

„Mani sauc Ansis.“

Er zeigte nochmals auf seinen Körper und wiederholte das Wort „Ansis“

Immerhin verstand ich ihn zum ersten Mal. Der Mann hieß Ansis.

Im Krankenhaus musste mein Unfallopfer seinen Ausweis zeigen, und dabei lernte ich seine Nationalität kennen. Ich schilderte dem Arzt kurz, wie es zu dem Unfall gekommen war.

Während Ansis behandelt wurde, wartete ich in einem lichtdurchfluteten Vorraum und vertrieb mir die Zeit mit dem Durchblättern von uninteressanter medizinischer Lektüre, die auf einem kleinen Beistelltisch ausgelegt war.

Schwungvoll öffnete der behandelnde Arzt die Flügeltür.

„Ah, Sie sind noch da! Das ist gut. Alles ist in Ordnung. Sie können unseren Patienten bald mitnehmen. Er bekommt noch eine Spritze und ein paar

Pflaster und kann wieder unter die Menschheit. Er hat Glück gehabt!“

Da mir die Angst und Aufgeregtheit, die der Mann auch nach dem Unfall noch gezeigt hatte, nicht aus dem Sinn ging, rief ich eine Kollegin zu Hause an. Glücklicherweise war sie noch wach. Ich schilderte ihr die Ereignisse der letzten Stunden und bat sie, für morgen einen Dolmetscher zu besorgen.

Kurz nach neun holte ich Ansis im Hotel, in dem ich ihn nachts untergebracht hatte, ab. Er hatte zwei volle Tüten in der Hand und zeigte mir stolz seine Errungenschaften. Eine Tüte enthielt nur belegte Brötchen, in der anderen waren Bananen, Äpfel, Nüsse und Dutzende Döschen mit Milch, Butter, Honig, Marmelade und so weiter.

Trotz seiner Verletzungen schien er guter Laune zu sein.

Als wir in meinem Büro eintrafen, war der Übersetzer schon da.

Und Ansis erzählte seine Geschichte. Mir war nach wie vor nicht ganz klar, ob er die Tragweite der Ereignisse überblicken konnte und alles richtig einordnete.

Sein offensichtlich kindliches Vertrauen in diese, unsere Welt, rührte mich.

Nach kurzer Rücksprache mit meinem Chef „kaufte“ die Redaktion dem armen Bauernsohn die Geschichte im wahrsten Sinne des Wortes ab. Sie finanzierte Ansis eine weitere Übernachtung, ein Abendessen und das Zugticket für die Rückreise.

Tina ließ am nächsten Tag während der Kaffeepause einen Umschlag herumgehen. Mit Hilfe der Kollegen kamen gut 80 Euro zusammen.

In Begleitung des Dolmetschers fuhr ich mit Ansis

zum Bahnhof.

Bei der Einfahrt des Zuges bedankte sich der Glückliche noch einmal überschwänglich und küsste uns auf beide Wangen.

Anschließend stieg Ansis in den Zug ein. Plötzlich machte er kehrt und kam ein wenig zögernd wieder auf uns zu. Seine Lippen zitterten vor Hilflosigkeit. Er lachte und weinte und meinte dann rigoros:

„ Es tut mir leid, ich kann nicht fahren, vielleicht finde ich sie noch. Sigita wollte nämlich auch nach Nierstein!“

Wotto mit Willi

Die Tür der Kneipe ging auf. Ein eiskalter Wind fegte hinein und wehte über unsere Gesichter.

Der kleine Mann stampfte mit den Schuhen auf dem Türvorleger herum, damit er den Schnee der Straße loswurde.

Er zog seine Wollmütze aus und entblößte einen grau melierten Bürstenschnitt.

Der Fremde auf dem Barhocker neben mir drehte sich halb zur Tür.

„Ach, der Willi“, murmelte er.

„Aha, Sie kennen ihn auch?“, fragte ich ihn.

„Ja, ja, wir bekommen immer Apfelsinen von Willi. Er hat wohl einen guten Kontakt nach Spanien. Sie kommen aus biologischem Anbau und werden nicht gespritzt.

Sie sind zwar nicht billig; dafür schmecken sie gut. Der einzige Haken ist, dass man eine ganze Kiste abnehmen muss. Wir teilen sie mit einem Nachbarn. Meistens machen wir Saft davon, der Rest wird so gegessen.

„Was kosten sie denn?“, fragte ich.

„Er nimmt drei Euro pro Kilo. Bei der Qualität ist das wohl angemessen. Wissen Sie, für seine Gesundheit zahlt man gerne! Woher kennen Sie ihn denn?“, fragte er.

„Ich kenne ihn von hier, aus der Kneipe. Wir

spielen manchmal Wotto mit ihm.

„Was ist Wotto?“, wollte der Unbekannte wissen.

„Tja, Wotto ist eine Art Lotto mit Willi“, erwiderte ich. „Er organisiert das in einigen Kneipen in der Nachbarschaft. Es kostet nicht viel.“

Inzwischen war Willi zu uns gekommen und begrüßte mich mit Handschlag.

„Hallo, Fritz, wie geht’s dir?“

„Danke, mein Lieber, ich kann nicht klagen.“

Nun entdeckte Willi meinen Nebenmann.

„Wen haben wir denn hier? Das ist doch der Ferdinand. Grüß dich, Ferdi, was hat dich denn in diese Gegend verschlagen?“

„Zufall, Willi. Ich hatte nebenan zu tun und wollte mich ein bisschen aufwärmen. Übrigens gut, dass ich dich sehe: Meine Frau war mit der letzten Lieferung nicht so ganz zufrieden. Die Apfelsinen waren ziemlich trocken, nicht so saftig wie sonst.“

Willi schaute mich mit einem schnellen Seitenblick an. Ihm war wahrscheinlich klar, dass ich nichts von seinen Orangengeschäften wusste.

„Das tut mir leid, Ferdi. Du hast wahrscheinlich gelesen, dass die Saison in Spanien recht trocken war. Darunter leiden natürlich auch die Apfelsinenbäume. Am besten trinkst du viel Wasser dazu. Du weißt doch, wir trinken zu wenig!“

Während Willi die Runde in der Kneipe machte, erklärte ich Willis Systemspiel.

„Es funktioniert folgendermaßen: Du gibst Willi eine Reihe mit zehn Zahlen und einen Euro. Insgesamt darfst du ihm nur zwei Reihen geben; das heißt, dass der Spaß nie mehr als zwei Euro kostet. Und dann …“

Willi musste gehört haben, dass wir über ihn sprachen, denn er stellte sich wieder zu uns.

„Willi, ich versuche gerade dein Lotto-System zu erklären“, sagte ich.

„Wie viel kann man dabei gewinnen?“, wollte Ferdi wissen.

„Tja“, sagte der kleine Mann und kratzte sich am Kopf, „das liegt an den Einsätzen. Aber unterm Strich rentiert es sich. Ist ja auch logisch, denn ich habe keine Verwaltungskosten und nehme nur zehn Prozent vom Einsatz. Das heißt, dass neunzig Prozent den Spielern zugutekommen. Die großen Lotto-Fritze schütten nur fünfzig Prozent aus. Und, nicht zu vergessen, du spielst bei meinem Lotto nicht mit Millionen von Leuten, sondern in einem kleinen exklusiven Kreis. Dazu kommt, dass du mit zehn Zahlen wesentlich mehr Chancen hast. Es ist eine solide Sache.

Die Ziehung erfolgt immer unter Aufsicht eines Notars.

Willst du auch mal mitmachen?“

Er zog ein mehrmals gefaltetes Papier aus seiner Tasche und zeigte Ferdi eine handgeschriebene Tabelle mit Daten und Zahlen.

„Vielleicht ein anderes Mal, Willi“, sagte mein Nachbar und bestellte sich ein zweites Bier.

Willi ließ seine Augen noch einmal durch die Kneipe wandern und verabschiedete sich von uns.

Ich registrierte, dass er auf der anderen Straßenseite in seinen alten rotweißen Kombi stieg und davonfuhr.

Nachdem er sein Bier bekommen hatte, wandte Ferdi sich mir zu und meinte:

„So ganz professionell sieht das nicht aus, was der Willi da mit dem Lotto macht. Läuft das schon lange?“

„Bestimmt schon einige Jahre“, erwiderte ich. „Und er schüttet die Gewinne regelmäßig aus.“

„Was kommt da zusammen?“

„Meistens so um die zwanzig, dreißig Euro. Zu

Weihnachten gibt‘ s immer einen Sonderbonus. Da sind schnell fünfzig Euro im Pott. Und das Schöne ist, dass immer andere Leute gewinnen. Ich kann mich nicht erinnern, dass je einer zweimal gewonnen hat. So hält er die Leute bei der Stange!“

Einen Monat später war ich, als Fotograf des örtlichen Kreisblatts, mit meinem Kollegen Antoine eingeladen, eine kleine Reportage über das Jubiläum eines Großmarkts zu machen.

Nachdem ich die Bilder im Kasten und Antoine seine Stichpunkte gemacht hatte, bat man uns in die festlich eingerichtete Kantine. Hier gab es ein Glas Champagner und Häppchen mit Lachs, Kaviar, Käse und Trüffelhaftes. Es wurde an nichts gespart.

Nach dem Essen wollte ich mir kurz die Hände waschen und betrat die Toilettenanlage. Während ich mir die Hände mit einem Papierhandtuch trocknete, schaute ich aus dem Fenster.

Von dort aus konnte man den ganzen Hof überblicken, und ich sah fünf Rampen. Offensichtlich die Warenanlieferung.

Zwei große Lastautos standen vor offenen Toren. In der Ecke, vor dem letzten Tor, stand ein rotweißer Kombi, der mir bekannt vorkam.

In der gleichen Sekunde wurde das große Rolltor neben dem Auto geöffnet. Hinter einem Mann im Overall und Che Guevara Kappe, der einen mit Kisten beladenen Plattform-Stapler lenkte, kam Willi zum Vorschein.

Während der Fahrer neben Willis Auto die Kisten ablud, packte Willi sie in seinen Wagen. In nur wenigen Minuten war alles verstaut. Willi startete den Motor und verließ den Hof.

Ich machte mir so meine Gedanken und lief zurück

zur Kantine, in die nun auch die Angestellten der Firma strömten.

Da Antoine sich noch angeregt mit dem Marktmanager unterhielt, stellte ich mich nochmals an, um einige weitere leckere Häppchen zu ergattern.

Während ich zu unserem Tisch ging, sah ich den Mützen-Mann hereinkommen. Ich wartete kurz in einer Ecke, bis er Platz genommen hatte.

„Ist hier noch frei?“

„Klar. Setzen Sie sich. Sind Sie auch von der Presse?“

„Ja, ich bin der Fotograf. Ich habe vorher Ihren schönen Stapler bewundert. Ist das ein elektrisches Modell?“

„Ja, ist es. Er ist ganz neu. Ich habe Sie gar nicht bemerkt. Waren Sie im Hof?“

„Nein, ich habe gerade vom Fenster aus gesehen, wie Sie einen Kombi beladen haben.“

„Ach, das waren die Sachen für den Willi. Der kommt oft mit seiner alten Karre.

Ist schon ein engagierter Kerl. Er holt bei uns Obst ab für so eine soziale Organisation. Wie heißen die doch? Ich glaube, der abgedeckte Tisch oder so ähnlich.“

„Ist das nicht eine Hilfsorganisation, die Lebensmittel an Bedürftige verteilt?“

„Ja, ja, genau. Ist doch eine schöne Sache, wenn die benachteiligten Menschen etwas kostenlos bekommen.“

„Da haben Sie recht“, sagte ich. „Was hat er heute bei Ihnen geladen?“

„Orangen und Äpfel“, antwortete mein Gegenüber. „Die Ware ist noch einwandfrei.

Wir haben allerdings unsere Vorschriften, und danach werden die Sachen aussortiert.“

„Verstehe. Wie lange macht der Mann das schon?"

„Ach, viele Jahre. Ich kenne ihn schon ewig. Er hat früher eine alte Scheune von mir gemietet. Dann hat er das mit dem Brennholz angefangen. Auch für so einen karitativen Verein. Da habe ich ihm keine Miete mehr abverlangt. Für einen guten Zweck kann man mal auf ein paar Euro verzichten."

„Sie meinen, dass er bei Ihnen Holz lagert, was an sozial schwache Menschen weiterverschenkt wird?"

„Ganz genau. Der Mann ist rührend. Weil diese Personen natürlich keine Autos haben, fährt er das Holz sogar zu den Leuten hin."

Nachdem ich einen erstaunlich guten Kantinenkaffee getrunken hatte, verabschiedete ich mich von dem Mann. Mit Antoine, der schon auf mich wartete, fuhr ich zurück in die Stadt.

Mein erster spontaner Gedanke war, mit ihm über Willi zu sprechen. Dann fiel mir ein, dass er ihn gar nicht kannte, und ich beschloss, das Thema erst zu Hause anzuschneiden.

Beim Abendessen erzählte ich meiner Frau von meinen Beobachtungen und dem Gespräch mit dem Marktangestellten.

Auch sie hatte Willi bei Weihnachtsfeiern im Lokal kennengelernt. Obwohl wir ihn mochten und er uns nie übervorteilt hatte, sprach sie grundsätzlich über „das Schlitzohr", wenn wir von Willi redeten. Ob das die berühmte weibliche Intuition war?

„Sprich ihn einfach darauf an", meinte sie. „Dann wirst du schon merken, was Sache ist."

Noch in der gleichen Woche traf ich ihn wieder in der Stammkneipe, wo ich mit einigen Bekannten bei einem Bier dabei war, die Welt zu verbessern.

Ich nahm ihn beiseite. „Willi, bei dem kalten Winter

möchten wir den Kamin häufiger anmachen. Hast du eine Idee, wo ich Brennholz bekommen kann?“

Er schaute mich treuherzig an.

„Kann ich dir zu einem guten Preis besorgen. Wie viel brauchst du?“

„Mit zwei Kubikmeter käme ich schon über den Winter. Was hast du für Holz?“

„Alles mögliche. Birke, Linde, Ahorn, Eiche, Tanne. Ist nicht immer sortiert, aber die Qualität ist richtig gut. Die zwei Kubik bekommst du von mir für siebzig Euro. Das ist günstig, zu dem Preis gibt’s das nirgends. Wann brauchst du es?“

Am nächsten Samstagmittag fuhr Willi vor. Nachdem wir abgeladen hatten, lud ich ihn zu einem Bier ein.

„Das ist nett von dir, Fritz, aber nicht, wenn ich fahre.“

Ich machte ihm schnell einen Kaffee, und wir setzten uns an den Küchentisch.

„Sag mal, Willi, du hast neulich in der Kneipe mit dem Ferdi über Apfelsinen gesprochen. Die bekommt er doch von dir. Kannst du die auch für uns besorgen?“

„Die habe ich euch nur nicht angeboten, weil ich nicht solche große Mengen bekomme. Wenn ich mal etwas übrig habe, denke ich an euch. Ist versprochen!“

Jetzt legte ich es darauf an: „Hast du manchmal auch Äpfel übrig?“

Wieder belegte Willi mich mit diesem schnellen, ein wenig scheuen Blick.

„Wie kommst du darauf?“

„Ich habe dich vorige Woche im Hof vom Großmarkt gesehen. Du hast Obst für die Tafel abgeholt.“

Willis schluckte einen Moment. Der Adamsapfel in seinem dünnen Hals bewegte sich heftig.

„Fritz, es ist nicht so, wie du denkst."

„Was denke ich denn?", erwiderte ich.

„Weißt du, ich hole tatsächlich Obst für die Tafel ab. Theoretisch mache ich das ehrenamtlich. Finanziell kann ich mir das mit meiner Mini-Rente aber nicht erlauben.

Deswegen verkaufe ich einen Teil, um meine Kosten zu decken. Du musst das so sehen: Der Markt ist froh, dass er nicht entsorgen muss. Das ist teuer. Ganz nebenbei wird dadurch der anfallende Müll reduziert. Das ist umweltfreundlich.

Die Tafel freut sich, dass ich sie regelmäßig beliefere. Die sind froh, dass sie überhaupt etwas bekommen. Es profitieren also alle davon. Ich zweige nur einen Bruchteil ab, damit meine Kosten gedeckt sind."

„Ich verstehe. Wie ist das mit dem biologischen Anbau direkt aus Spanien?"

„Das hab ich mal aus ihrer Werbung übernommen. Wenn's nicht stimmt, kann ich nichts dafür."

„Und was ist mit dem Brennholz?", wollte ich wissen.

„Was soll damit sein?"

„Soweit ich informiert bin, verschenkst du das offiziell an arme Leute."

Wieder bewegte sich sein Kehlkopf.

„Du bist gut informiert. Gut, ich schenke dir reinen Wein ein. Ich habe zuerst einen einfachen Holz-Leseschein gehabt. So hat es angefangen. Das Projekt für die sozial Schwachen habe ich wohl falsch eingeschätzt. Die armen Leute brauchen kaum Brennholz, denn die haben keine Kamine. Nachfrage war allerdings da. Meistens von Leuten mit Geld. Ich musste ja die Miete für die Scheune bezahlen. Später habe ich noch einen Sammelschein und Berechtigungsschein bekommen. Ich habe dafür sogar einen Lehrgang machen müssen. Tja, Fritz, so hat sich das ganze Holzgeschäft entwickelt. Schließlich trage ich maßgeblich dazu bei, dass der Wald gesund bleibt."

Ich nahm seine Erklärung zur Kenntnis und griff nach meinem Portemonnaie, um das Holz zu zahlen. Da fiel mir ein, dass ich Gerda mein letztes Bargeld gegeben hatte, bevor sie in die Stadt gefahren war, um einzukaufen.

„Willi, ich habe kein Geld im Haus. Kannst du mir deine Kontodaten geben, ich überweise dir das Geld."

„Tut mir leid, Fritz, so etwas habe ich nicht. Ich bin ein armer Tropf, wieso sollte ich ein Konto bei einer Bank haben? Die Banker zocken uns doch nur ab. Du kannst es mir das nächste Mal in der Kneipe geben. Du läufst mir nicht weg!"

Willi stand auf. Er drückte mir zur Verabschiedung die Hand. Auf dem halben Weg zur Tür stellte ich ihm die Frage, die mir immer schon auf der Zunge gelegen hatte.

„Sag mal, Willi, wie ist das eigentlich mit unserem Wotto? Du sprichst immer über die Ziehung der Zahlen bei einem Notar. Das ist wohl nicht dein Ernst?"

Willi ging zurück zum Tisch, zog seine speckige Brieftasche aus seiner Jacke und setzte sich wieder.

„Schau mal." Er überreichte mir ein etwas abgegriffenes Bild. Es zeigte Willi, der seine Hand in eine Art Einmachglas hielt, in dem sich mehrere Zettel befanden.

Über ihm hing ein gerahmtes, nicht sehr attraktives Bild eines Mannes mit Perücke an der Wand.

„Fritz, ich habe nie gesagt, dass die Zahlen bei einem Notar gezogen werden, sondern unter Aufsicht eines Notars. Das Bild über mir zeigt Casanova. Es wurde um 1750 gemalt. Die wenigsten Leute wissen, dass er auch als Notar tätig war. Er ist immer dabei, wenn ich die Ziehungen vornehme." Willi lächelte schuldbewusst und pfiffig.

Obwohl ich weiterhin Holz bei Willi bestellte und nach wie vor Wotto in der Kneipe spielte, kam ich nicht auf sein Angebot mit dem Obst zurück. Seine Verstrickung mit dem „abgedeckten Tisch" war mir einfach zu heikel.

Ende März starb Willi, kurz vor seinem 67. Geburtstag morgens in der Frühe auf einem Golfplatz in der Nähe.

Er wurde von einem Ball so unglücklich an der Schläfe getroffen, dass er nach Ansicht des herbeigerufenen Arztes sofort tot war.

Neben ihm lag ein Korb mit einigen hundert Golfbällen, die er offensichtlich gesammelt hatte. In seinem Auto befand sich ein weiterer mit Bällen gefüllter Eimer. Die Übungsbälle waren am Vorabend geschlagen und bei der einsetzenden Dunkelheit nicht mehr aufgehoben worden.

Außerdem wurde im Wagen ein Zettel mit der Adresse eines Golfclubs in der Stadt gefunden. Eine Nachfrage bei dem Verein ergab, dass man von Zeit zu Zeit Bälle von Willi erwarb. Man zahlte fünfzig Cent pro Stück und bot sie den Spielern als Übungsbälle zu einem Sonderpreis an.

Es wurde nie genau geklärt, ob Willi die just an diesem Tag anfangende Sommerzeit übersehen hatte, oder ob der zerstreute ältere Herr, der seine Bälle viel zu früh durch die Gegend schlug, seine Uhr nicht umgestellt hatte.

Bei Willis Wohnungsauflösung wurde Bargeld in Höhe von knapp 400.000 Euro gefunden.

Die unvollständigen Schwestern

Für seine Mutter war Lionardo di Piero zwar vielseitig begabt, aber diesem Umstand maß sie nie besondere Bedeutung bei.

Auch ihr Mann, Lionardos Vater, ein berühmter Anwalt, war sehr erfolgreich; seine Mandanten gehörten zur oberen Schicht der Gesellschaft.

Warum sollten bei Lio, wie sie ihn liebevoll rief, nicht genetische Merkmale Ursache für seine vielfältigen Fähigkeiten sein.

Obwohl Lio eine Lehre als Kunstmaler bei einem renommierten Dozenten erfolgreich abschloss, hatte sie doch immer das Gefühl, dass ihr Sohn nicht genau wusste, was er wollte. Er war unentschlossen und rastlos.

Das letzte Halbjahr hatte er sich intensiv mit der städtischen Müllabfuhr beschäftigt. Seine Vorschläge wurden offensichtlich akzeptiert und nach seinen Vorstellungen umgesetzt.

Neulich hatte er sich tagelang mit seinem Vetter zusammengesetzt, um mit ihm über eine technische Verbesserung seines Wagens zu diskutieren.

Mit einem Freund hatte er ein Teleskop gebastelt, mit dem sich die jungen Männer bei klaren Nächten oben auf dem höchsten Berg des kleinen Dorfes den Himmel und die Sterne anschauten.

Was seine Mutter auch sehr bedauerte, war die Tatsache, dass Lio keine Lust hatte, einmal mit einem netten Mädchen auszugehen. Dabei sah er gut aus und kleidete sich stilvoll und modisch. Wenn sie ihn darauf ansprach, meinte er, dass das noch Zeit hätte.

In seiner knapp bemessenen Freizeit traf er sich lieber mit Freunden in der Kneipe, um über Gott und die Welt zu philosophieren.

Eines Tages griff Lios Mutter zu einer List. Über Bekannte hatte sie die reizenden Töchter eines reichen Kaufmanns kennengelernt, Lisette und Monica.

Mit den Eltern der beiden gut aussehenden Mädchen wurde vereinbart, dass Lio sie malen sollte.

Und so geschah es. Lio war beeindruckt von den beiden hübschen Damen, und nach nur einer gemeinsamen Sitzung bestellte er sie einzeln zu sich in sein Atelier.

Es kam, wie es kommen musste. Er verliebte sich zuerst in Lisette und später auch in Monica. Die täglichen Sitzungen endeten fast immer in aufregenden erotischen Liebesspielen.

Lio bat, dass sie diesbezüglich, auch der eigenen Schwester gegenüber, absolutes Stillschweigen bewahren sollten. Die Mädchen hielten sich daran. Sie hatten immerhin einen Ruf zu verlieren, wäre ein solches Verhältnis öffentlich geworden.

Trotz der sinnenfrohen und temperamentvollen Körperakrobatik während und nach den Sitzungen wurden nach etwa zehn Wochen die Porträts der jungen Damen fertig. Lio war dies ganz recht, denn er hatte im Laufe dieser Zeit festgestellt, dass die beiden doch nicht so hübsch waren, wie er sie anfänglich wahrgenommen hatte.

Lisettes Nase war ein wenig zu lang; außerdem fand er ihre Augen etwas zu klein.

Bei Monica fand er Ohren und Mund einen Hauch zu groß. Die Erste ging fast immer mit einem kecken Lächeln durchs Leben, während ihre Schwester häufig schmollte.

Er überlegte: Wenn er die äußerlich schönsten Merkmale von der einen auf die andere und vice versa übertragen würde, könnte er sich „die perfekte Frau“ gut vorstellen.

Die Idee gefiel ihm so sehr, dass er sie in stillen Abendstunden heimlich in die Tat umsetzte. Zwischen den vorhandenen Bildern beider Mädchen stellte er eine dünne Pappelwand auf und arbeitete intensiv und mit Begeisterung an seinem Konzept.

So machte er aus den beiden Frauen eine. Die Augenbrauen ließ er weg; sie gefielen ihm bei beiden Mädchen nicht. Insgesamt beschäftigte er sich, mit Unterbrechungen, mehr als drei Jahre mit dem Bild. Freunden, die sich erkundigten, erzählte er, dass es eine Auftragsarbeit wäre, die er wegen eines Todesfalls noch nicht beendet hätte.

Lio gefiel seine neue Schöpfung von Tag zu Tag besser. Die Frau aus der Retorte fesselte ihn. Sie lächelte still in sich hinein, war schön und geheimnisvoll zugleich.

Ihm war schmerzlich bewusst, dass sie in ihrer Inexistenz nicht real greifbar war.

Trotzdem war er von dem Resultat so fasziniert, dass er beschloss, das Bild nie mehr zu verkaufen.

Er hielt sich daran. Er hütete es wie seinen Augapfel. Zwei Jahre vor seinem Tod nahm Leonardo, wie er sich später nannte, sein Lieblingsbild mit nach Frankreich. Noch heute hängt die Mona Lisa im Louvre in Paris.

Fragwürdige Hinterlassenschaft

Es ist etwa ein Monat seit Wilhelms Beerdigung vergangen.

Nachdem das Geschirr in die Spülmaschine eingeräumt ist und Frank es sich hinter der Zeitung gemütlich gemacht hat, setzt Britta sich wortlos zu ihm. Nach einer Weile schaut er sie über seine Lektüre hinweg fragend an: „Kann ich etwas für dich tun, Liebes?“

„Ja, Frank, kannst du. Wir haben Vater heute vor genau vier Wochen begraben. Ich glaube, ich bin jetzt so weit, dass wir die Wohnungsauflösung angehen können. Wann hättest du Zeit?“

Nach gegenseitigem Terminabgleich einigen sie sich auf den kommenden Samstag.

Am frühen Nachmittag öffnet Frank die schwere Eichentür des alten Landhauses.

Wie oft waren sie durch den großen Korridor gegangen und hatten Wilhelm von Weitem winken sehen. Meistens stand der Rotwein schon bereit, und wenn sie aufbrachen, hinterließen sie häufig zwei oder gar drei geleerte Flaschen.

Da Britta kaum trank und auch Frank nicht mit seinem Schwiegervater mithalten konnte, endete mancher Abend damit, dass Britta ihren Vater mit List und Tücke in sein Schlafzimmer bugsierte. Wilhelm hatte immer schon gern ein Gläschen Wein getrunken. Nach dem Tod seiner Frau vor gut zehn Jahren war aber niemand mehr da, der ihn hätte kontrollieren können, und so ließ sich Wilhelm häufiger mal gehen.

Im Laufe seines Lebens hatte er sich vom einfachen Polier zum selbstständigen Unternehmer hochgearbeitet. Er führte nicht nur Aufträge aus, sondern vermittelte auch häufig Projekte an Subunternehmer.

Wilhelm konnte gut und amüsant erzählen; seine Geschichten aus der Bauwelt waren spannend, manchmal kaum zu glauben, und streiften häufig die Grenze der Legalität.

Obwohl der Schwiegervater persönlich nie mit kriminellen Praktiken prahlte, hatte Frank trotzdem das Gefühl, dass nicht alle seine Aktivitäten ganz sauber gewesen waren.

Diese Ahnung wurde bestärkt durch den Umstand, dass Wilhelm manche Fragen des Schwiegersohns gar nicht oder bestenfalls mit einem Schulterzucken beantwortete.

Britta und Frank setzen sich an den Tisch und trinken in memoriam je ein Gläschen Rotwein.

„Frank, ich fange am besten mit den Kleiderschränken an. Kannst du die Bücher mal durchsehen? Die meisten sind von Mama; lege einfach auf die Seite, was du behalten willst. Den Rest können wir in der Klinik abgeben. Die brauchen immer Bücher."

Er nickt zustimmend, nimmt ein Dutzend Bücher aus dem Regal und fängt an zu sortieren. Der dritte Stapel ist zu groß und gleitet ihm aus den Händen. Die Bücher landen verstreut im Halbkreis auf dem Boden.

Aus einem Buch rutscht ein Umschlag. Frank öffnet ihn. Zwölf Scheine zu je fünfhundert Euro befinden sich darin.

Einen Augenblick sitzt er verdattert da. Automatisch schenkt er sich ein zweites Glas ein.

„Britta, kannst du mal kommen“, ruft er nach oben.

Sie setzt sich ihm gegenüber und schaut aufs Geld.

„Wo kommt das her?“

Er deutet auf den Umschlag: „Ist aus diesem Buch gefallen!“

„Ob Mama ihn vielleicht hineingelegt hat?“

„Es sind Euro; deine Mutter ist doch 2000 gestorben, das war noch vor der Euro-Umstellung.“

„Meinst du, dass Vati …?“

Sie vollendet den Satz nicht.

„Ist schon möglich, vielleicht ist noch mehr da.“

Er fasst das nächste Buch am Rücken und schüttelt es leicht. Beim letzten Buch der Reihe fällt wieder ein Umschlag zu Boden. Dieses Mal sind es zehn Scheine à fünfhundert Euro und acht Zweihundert-Euro-Scheine. Sie sehen sich verständnislos an.

„Was soll denn das? Er hat doch zwei Bankkonten gehabt und da war genug Geld drauf!“

„Ich weiß es nicht, Britta.“

Er geht wieder zu der Bücherwand und stellt weitere Bücher auf den Tisch. In einem Schmöker von Simmel finden sich zwei Umschläge. Der Fang rentiert sich: vierzehntausend Euro! Gegen sechs haben sie alle Bücher durchgesehen. Sie sind in diesen wenigen Stunden um 241.450 Euro reicher geworden.

„So viel Geld kann man nicht im Haus lassen. Ich bring es heute noch zur Bank!“

„Damit würde ich noch warten, Britta. Dein Vater hatte wohl seine Gründe, es nicht aufs Konto einzuzahlen. Abgesehen davon hat die Bank heute zu. Wir sollten einmal darüber schlafen.“

Bis tief in die Nacht wird über den unverhofften Geldsegen gemutmaßt.

„Weißt du, Frank, solang ich denken kann, hat Vati immer genug Geld gehabt. Allerdings hatte ich manchmal das Gefühl, …dass er …na ja, dass er …es sehr leicht verdiente.

Oft saß er stundenlang mit irgendwelchen Typen im Arbeitszimmer statt in seinem Büro in der Firma und war nach solchen Treffen manchmal so euphorisch, dass er spontan eine Woche zum Skifahren ging oder mit uns in Urlaub fuhr. Ich weiß noch, wie langweilig manche Aufenthalte für uns Kinder waren, da er grundsätzlich nur in Fünf-Sterne Hotels abstieg."

„Liebes, es ist gut, dass du darauf zu sprechen kommst, denn aus Respekt vor deiner Familie hätte ich nie etwas gesagt. Mir ist häufiger aufgefallen, dass er meinen Fragen über die Vergabe von Projekten oder Finanzierungen immer ausgewichen ist. Kannst du dich daran erinnern, dass ich ihn damals bei meinem Vorstellungsgespräch im Frankfurter Hof mit diesem Politiker gesehen habe? Wie hieß der Mann noch?"

Sie schauen sich an. Frank räuspert sich ein wenig verlegen. Dann übernimmt Britta die Initiative:

„Kann es….kann es…. eventuell Schwarzgeld sein?"

„Wir müssen es jedenfalls in Erwägung ziehen. Andernfalls hätte er es einzahlen können. Wir sollten einmal die Bankauszüge der letzten Jahre überprüfen; dann können wir wenigstens feststellen, ob er solche Summen je abgehoben hat."

Nach Überprüfung der Auszüge ist klar, dass die Gelder nicht von den Bankkonten stammen.

Die meisten größeren Rechnungen waren überwiesen worden und fast alle anderen Ausgaben mit Kreditkarte bezahlt. Für den persönlichen Gebrauch hatte er sich am Bankautomaten bedient.

In der darauffolgenden Woche diskutieren die Eheleute ein ums andere Mal über die mögliche Verwendung des unerwarteten Vermächtnisses. Sie sind sich mittlerweile einig geworden, die Summe nicht einzuzahlen. Es ist ihnen allerdings auch bewusst, dass mit dem Geld konkret etwas geschehen muss.

Eines Morgens während des Frühstücks kommt Britta *der* Einfall.

„Frank, du hast doch früher immer mal gesagt, dass wir ein Haus oder ein Grundstück in Australien kaufen sollten, um nach deiner Pensionierung die kalten Wintermonate dort zu verbringen. Wie wäre es es, wenn du mal Kontakt mit Hans aufnimmst?“

Frank überlegt eine Weile. „Ja, das ist *die* Idee. Vielleicht weiß er auch, wie man das Geld am besten umtauscht; er ist ja immerhin Banker!“

Franks Halbbruder, vor gut dreißig Jahren nach Australien ausgewandert, war viele Jahre lang Leiter einer großen Investmentbank in Adelaide. Er hatte sich letztes Jahr zur Ruhe gesetzt und war mit seiner Frau nach Port Augusta gezogen, einer Kleinstadt nördlich von seinem ursprünglichen Wohnort, um ihrem gemeinsamen Hobby, dem Segeln auf den vielen Seen der Umgebung, frönen zu können. Bei ihren häufigen Besuchen in Australien hatten auch Britta und Frank das Land und die Leute lieben gelernt.

„Wir müssen mit offenen Karten spielen und Hans sagen, wie wir zu dem Geld gekommen sind.“

„Das versteht sich von selbst.“

In einem langen Telefonat mit Australien erläutert Frank die Situation.

Hans erklärt sich sofort bereit zu helfen und bietet an, sich potenzielle Projekte anzusehen, die er den beiden per E-Mail weiterleiten will.

Im Laufe der nächsten Monate bekommen sie

regelmäßig Angebote geschickt, sodass sie über Lage und Preise der Immobilien bestens informiert sind.

Eines Tages ruft Hans frühmorgens um sieben Uhr aus Australien an. Seine Stimme klingt aufgeregt und euphorisch.

„Frank, ich habe gerade ein Angebot von einem ehemaligen Kunden von uns bekommen.

Er hat ein traumhaftes Häuschen an einem kleinen See. Ihr wart schon mal dort. Erinnerst du dich an den Ausflug mit den Kindern und Sally, unserem Hund? Da haben wir an diesem See Picknick gemacht und gezeltet. Es ist nur etwa eine Stunde von hier; bei uns in Australien ist das ein Katzensprung, das wisst ihr!"

„Ja, ich erinnere mich. Das ist bestimmt zehn Jahre her. Ist eine wunderschöne Gegend!"

„Frank, ich habe ihm erzählt, dass ich für ein Familienmitglied ein Haus suche. Er zieht nämlich zu seiner Tochter nach Perth. Und weißt du, was er mich fragte? Er wollte wissen, wie viel es denn kosten dürfe? Ich kenne ihn gut und habe ihm mit Krediten ausgeholfen, die ihm den Erfolg seines Unternehmens mit ermöglicht haben.

Ich habe ihm die untere Summe genannt, die du mir übermittelt hast: 300.000 australische Dollar. Er hat mich gestern eingeladen, damit ich mir das Haus ansehen kann.

Frank, es ist super! Es liegt direkt am See auf einem Grundstück von gut 5.000 qm.

Er sagte mir, dass er vorhabe, es in den nächsten Wochen einem Makler zu übergeben. Da er sich mir verbunden fühlt, würde er es mir für 300.000 Dollar verkaufen. Es ist ein Schnäppchen. Ich habe bei allen Angeboten, die ich dir zukommen ließ, nicht annähernd so etwas gesehen. Alles in der Lage und Qualität kostet mindestens fünfzig Prozent mehr. Ich habe Fotos gemacht und maile sie dir."

Abends sitzen Britta und Frank vor den Bildern. Es passt alles zusammen: das Haus, der See, der Preis, die Entfernung zu Hans und seiner Frau. Schon am nächsten Tag haben sie sich entschieden - sie würden es kaufen!

Anfang Februar fliegen sie von Frankfurt aus nach Australien.

Frank hat sich extra eine sogenannte Herrenhandtasche gekauft. Das Geld passt genau hinein. Außen befindet sich noch ein kleines Fach, in das er seine Schlüssel und die restlichen australischen Dollar steckt, die vom letzten Trip zwei Jahren zuvor stammten. Schon einmal in den siebziger Jahren hatte er eine solche Tasche gehabt, aber bald darauf verschenkt, da er sich nicht damit anfreunden konnte. Für diese Reise scheint sie ihm allerdings die richtige Wahl zu sein.

In der Zwischenzeit hat er zwar mitbekommen, dass gewisse Grenzen bei Aus-und Einfuhr von Devisen festgelegt sind, allerdings auch in Erfahrung gebracht, dass diesbezügliche Kontrollen selten durchgeführt werden. Dieses kleine Risiko mussten sie schon auf sich nehmen. Und alles geht gut!

Nach einer Zwischenlandung und Wartezeit von fast fünf Stunden in Singapur kommen sie ziemlich gerädert in Melbourne an. Sie sind jetzt mehr als dreißig Stunden unterwegs und müssen noch etwa zwei Stunden warten, bis ihr Flug nach Adelaide geht.

Kurz vor dem geplanten Start erfahren sie, dass wegen eines Sandsturms bis auf Weiteres alle Flüge gestrichen werden. Bei der Auskunft hört Frank, dass ein solcher Sturm tagelang wüten und man vor morgen nicht mit neuen Starts rechnen könne.

„Britta, ich habe einen Mietwagen genommen. Die Airline wird uns wahrscheinlich ein Zimmer anbieten, aber bevor wir an der Reihe sind, kann das noch Stunden dauern. Ich habe keine Lust, hier heute Nacht herumzuhängen. Vielleicht sind wir da, bevor die nächste Maschine abhebt."

„Hör mal Frank, das ist doch noch ein ganzes Stück. Und du bist müde. Ich verstehe, dass du weg willst. Lass uns ins Hotel gehen und morgen sehen wir weiter."

„Ach, da verlieren wir nur Zeit, und dann werde ich tatsächlich müde. Ich verspreche dir, wenn' s nicht mehr geht, suchen wir unterwegs eine Bleibe und schlafen uns aus. Komm, lass uns losfahren!"

Auf der von Avis erhaltenen Autokarte stellt er verblüfft fest, dass es gut tausend Kilometer nach Port Augusta sind. Genervt, weil er den Kofferraum des Autos nicht öffnen kann, verlassen sie schließlich nach einer guten Stunde den Flughafen und nehmen prompt die Autobahn in die falsche Richtung.

Nach einer weiteren Dreiviertelstunde sind sie wieder bei der Ausfahrt ‚Airport' angelangt.

„Frank, lass uns etwas zum Schlafen suchen. Das bringt doch nichts!"

„Nein, ich bin fit. Du kannst gerne eine Runde schlafen, wenn du magst."

Wortlos klettert Britta auf den Rücksitz und rollt sich dort wie ein Embryo ein.

Sie wird wach, weil das Auto anhält. Sie hat das Gefühl, nur kurz eingenickt zu sein, aber ein Blick auf ihre Uhr belehrt sie eines Besseren.

Frank ist über vier Stunden gefahren. Sie erblickt eine kleine, heruntergekommene Tankstelle und stellt fest, dass eine Lampe über der Anzeigentafel für die

Benzinpreise defekt ist.

„Du, ich geh mal zur Toilette und kaufe bei der Gelegenheit eine Flasche Wasser. Brauchst du etwas?"

Müde schüttelt sie den Kopf. „Nein, danke. Wie weit ist es noch?"

„Weiß nicht genau. Bin noch einmal falsch gefahren. Habe gedacht, dass da ein Hotel war, aber es war nur ein Privathaus. Ich wollte abkürzen und hab mich verfranzt."

„Bist also doch müde. Soll ich fahren?"

„Aber nein, bei deiner Nachtblindheit landen wir nachher noch in Sydney!"

„Auch nicht schlecht", murmelt sie und legt sich wieder hin.

„Guten Morgen, Mister. Sie sind früh dran. Was kann ich für Sie tun?"

„Ich hätte gern eine große Flasche Wasser und etwas zum Knabbern."

„Schauen Sie doch mal links in dem Regal, ob da etwas für Sie dabei ist."

„Ruhiger Ort hier. Haben Sie viel zu tun?"

„Ach, wissen Sie, Mister, vom Dorf könnte ich nicht existieren. Hier leben keine dreihundert Leute mehr. Die Autofahrer, die hier vorbeikommen, bringen ein wenig Umsatz. Ob es noch lange reicht, weiß ich allerdings nicht. Ich muss die gesamte Station von Grund auf renovieren. Nach zwanzig Jahren brauche ich außerdem dringend neue Pumpen, aber die Bank gibt mir kein Geld. So, was haben wir alles zusammen? Das Wasser, die Schokolade, die Erdnüsse. Das macht dann acht Dollar fünfzig."

Frank überreicht ihm die Kreditkarte. Der Mann nimmt sie, steckt sie in den Schlitz und grinst Frank breit an, der seinerseits dezent zurücklächelt.

Der Tankstellenbesitzer hat einen Dreitagebart,

trägt ein verwaschenes T-Shirt mit Löchern und hat Ohren wie Rhabarberblätter. Er erinnert Frank an alte Filme mit einem französischen Komiker, die er als Kind gern gesehen hat. Anfänglich hatte er geglaubt, dass der Name des Schauspielers Don Camillo war. Seine Eltern klärten ihn jedoch auf, dass der von ihm so bewunderte Akteur Fernandel hieß.

Der Mann hinter der abgenutzten Theke sieht dem Darsteller erstaunlich ähnlich.

„Sorry, kann eine Weile dauern. Auch meine Technik ist nicht mehr die modernste.

Ja, wie ich schon sagte, die Banken sind seit der letzten Finanzkrise richtig pingelig geworden. Ich brauche höchstens zweihundertfünfzigtausend Dollar und die Tankstelle ist wieder auf dem neuesten Stand.

Tut mir leid, Ihre Kreditkarte wird nicht angenommen. Das liegt am System, die Karte wird schon okay sein. Haben Sie vielleicht Bares dabei?"

Frank entsinnt sich seiner Dollars in der Herrenhandtasche, läuft zurück zum Auto, legt die Tasche auf das Dach, öffnet sie und entnimmt ihr zehn Dollar

Er zahlt seinen Einkauf bar und steckt das Wechselgeld in die Hosentasche.

„Gute Fahrt, Mister", verabschiedet ihn der Tankstellenbesitzer.

Britta hat sich wieder aufgesetzt und erwartet ihn ungeduldig. „Mein Gott, was für eine Hitze hier. Was für ein trostloses Kaff. Hast du Wasser bekommen? Was sind das für Snacks? Den Schokoriegel kannst du mir geben. Fahren wir jetzt endlich weiter?"

Frank lässt den Motor an und fährt den Highway weiter entlang. Seine Frau schläft nach einer Weile wieder ein.

Sie wacht auf, weil ihr das Fahr- und Motorgeräusch fehlt. Sie setzt sich hin. Es ist schon hell. Frank ist blass, angespannt und sieht jetzt wesentlich älter aus als er ist.

„Ist nicht mehr weit, Liebes. Ein paar Stündchen noch. Ich will nur tanken."

„Okay, jetzt muss ich mir mal die Hände waschen. Brauch ich Geld auf der Toilette?"

Er überreicht ihr das Kleingeld, das er vom Tankwart zurückerhalten hatte.

„Gib mir etwas mehr. Vielleicht finde ich noch etwas Leckeres in dem Shop. Wir haben schon lange nichts mehr gegessen."

Frank tastet nach seiner Handtasche. Sie ist nicht am Platz.

„Hast du die Tasche gesehen?"

„Welche Tasche?"

„Na, die Geldtasche natürlich. Sie lag doch hier zwischen den Sitzen."

„Keine Ahnung. Wann hast du sie zuletzt in der Hand gehabt?"

Während er überlegt, läuft es ihm plötzlich eiskalt den Rücken hinunter. Verdammt, die Tankstelle! Da hat er doch mit den Dollars aus der Tasche bezahlt. Er versucht sich zu erinnern. Wie war das gewesen? Hat er sie mit in den Laden genommen? Nein, er hat das Geld am Auto stehend rausgenommen. Hat er sie nicht wieder zurückgelegt?

Mein Gott, jetzt weiß ich es wieder. So muss es gewesen sein! Er springt aus dem Auto, reißt die Beifahrertür auf. Nichts! Er schaut unter die Sitze. Auch nichts!

„Frank, was ist in dich gefahren? Was ist los?"

„Die Taaa …asche, …da …das Geld", stottert er, „es ist nicht mehr da! Es ist weg!"

Britta ist jetzt hellwach. Ihre Stimme überschlägt sich: „Was soll das? Was redest du für einen Unsinn? Das darf doch nicht wahr sein!"

Dann beruhigt sie sich wieder: „Suchen wir das Auto nochmals systematisch ab. In den Koffern kann es nicht sein. Also muss die Tasche irgendwo hier liegen."

Nach einer Viertelstunde sitzen sie geschockt nebeneinander auf ihren Plätzen.

Britta erhebt erneut ihre Stimme: „Frank, ich verstehe dich nicht, ich habe dir doch immer wieder gesagt, dass wir ein Hotel nehmen sollen. Du bist jetzt über vierzig Stunden ohne Schlaf. Da muss man Fehler machen. Was hast du mit der Tasche gemacht? Wo ist das Geld?"

„Ich glaube, ich weiß es jetzt. Ich habe sie beim Tanken aufs Dach gelegt, um Dollars herauszunehmen, und ich vermute, dass ich sie bei der Abfahrt habe liegen lassen. Du hast mich da so gehetzt, dass ich weiterfahren soll."

Britta verdreht die Augen und seufzt tief.

„Du glaubst …du vermutest! Kann man so blöd sein? Wenn das stimmt, würde das heißen, dass sie heruntergefallen ist, und in der Nähe liegen müsste. Wir müssen anrufen."

Mürrisch erwidert er: „Aber wo? Ich weiß nicht, wie das Kaff heißt, und den Namen der Tankstelle kenne ich auch nicht."

„Dann müssen wir eben zurück. Jetzt ist es hell. Ich fahre und du sagst mir Bescheid, wenn du die Station siehst. Du musst also schon wach bleiben."

Todmüde erreichen sie gegen halb zehn den kleinen Ort und kurven sofort zur Tankstelle.

Die Eingangstür steht offen. Fröhliche Marschmusik klingt ihnen entgegen. Gemeinsam betreten Britta und Frank den schäbigen Raum mit dem verschlissenen und mit Ölflecken übersäten Teppich.

Der vermeintliche Fernandel sitzt hinter der kleinen Theke, gähnt die beiden gut gelaunt an und legt die Zeitung beiseite.

„Guten Morgen, M'am, guten Morgen, Mister. Ach, Sie sind' s. Ich glaube, wir hatten schon das Vergnügen heute Nacht. Sind Sie auf der Rückreise?"

„Nein, ich habe gestern beim Tanken etwas verloren. Deswegen sind wir wieder hier."

„Was haben Sie verloren?"

„Eine Herrenhandtasche."

„Wie sieht sie aus?"

„Ist so eine kleine schwarze Ledertasche mit einer Handschlaufe, einem Druckknopf, zwei Reißverschlüssen und einem halben Dutzend Innentaschen."

„Wo haben Sie die Tasche verloren?"

„Vermutlich bei Ihnen. Ich hatte Ihnen Bargeld aus dieser Tasche gegeben. Wahrscheinlich habe ich sie aufs Dach gelegt und bin weggefahren."

„Nun, da kann ich Ihnen leider nicht helfen. Wenn Sie mir Ihre Adresse geben, kann ich Sie benachrichtigen, falls etwas gefunden wird."

„So einfach ist das nicht. Wir brauchen die Tasche unbedingt. Es sind wichtige Papiere und Geld drin. Was glauben Sie, wenn sie wirklich auf dem Dach lag: Wie viele Meilen kann man wohl fahren, bis das Ding herunterfällt?"

Der Tankstellenbesitzer, der sich zwischenzeitlich als Jeff Barker vorgestellt hat, kratzt sich hinter den Ohren.

Tja, das liegt daran, wie schnell Sie fahren und wie glatt die Tasche ist. Ist schwer zu sagen. Höchstens ein paar hundert Yards, schätze ich."

Das Ehepaar macht sich unverzüglich auf den Weg. Sie durchkämmen das trockene Gras und den Randstreifen des Highways auf einer Länge von mindestens zwei Meilen.

Nichts! Nichts! Rein gar nichts!

Nach einer Stunde stehen sie wieder in Jeffs Laden.

„Na, Frank, hatten Sie Erfolg?“

„Leider nein. Wo ist die nächste Polizeidienststelle? Wir werden eine Verlustanzeige machen.“

„Da sind Sie dran vorbeigefahren. So ungefähr 25 Meilen nach Westen. Schauen Sie, ich zeig‘ s Ihnen auf der Karte.“

„Ob es sinnvoll ist, im Ort nachzufragen, ob etwas gefunden wurde?“, mischt Britta sich ein.

„In diesem Falle sind der Priester und die Kneipe wohl die richtigen Adressen“, meint Jeff. „Da läuft immer alles zusammen. Wenn irgendetwas gefunden wird oder verloren geht, erfahren die es zuerst.“

Obwohl der Priester mit seiner Wohlstandsfigur wie ein Kneipier aussieht und der Wirt mit seinem Wuschelkopf und den vielen Tätowierungen eher wie ein Catcher, sind beide sehr zuvorkommend und versprechen, sich sofort zu melden, wenn der Lederbeutel auftauchen sollte.

Übernächtigt, abgespannt und ausgelaugt verlassen die beiden kurz nach Mittag den Ort. Bei der ersten kleinen Haltebucht stoppt Frank, macht den Motor aus und ruft seinen Halbbruder an. Ohne Details zu nennen, berichtet er vom Verlust einer wichtigen Tasche. Er entschuldigt sich für die Verspätung und verspricht, sofort nach der Verlustmeldung bei der Polizei weiterzufahren. Spätestens zum Abendessen seien sie da.

Nachdem Frank die Verbindung beendet hat, schauen sich die beiden müde an. Britta hat endlich aufgehört, ihm Vorwürfe zu machen.

Sie denken an das Gleiche: *Was sagen wir bloß der Polizei?*

Bisher hatten sie bei sämtlichen Gesprächen nur vage über Papiere, Schlüssel und Geld gesprochen. Keiner hatte nach Einzelheiten gefragt, zum Beispiel, wie viel Geld sich in der Tasche befand. Aber die Polizei will das bestimmt genau wissen.

Sie überlegen hin und her.

„Weißt du, Britta, wir sagen einfach, dass dreitausend Euro drin waren. Sollte die Tasche wirklich gefunden werden und das Geld noch vorhanden sein, sagen wir, dass unsere Angaben auf einem sprachlichen Missverständnis beruhe, das aufgrund des Jetlags entstanden sein muss. Wie verabredet erklären sie ihr Malheur in gekonnt gebrochenem Englisch. Der einsilbige Polizist in der kleinen Dienststelle nimmt ihre Verlustanzeige auf und händigt ihnen eine Kopie aus.

Mehr als fünfzig Stunden nach ihrer Abfahrt aus Deutschland treffen sie endlich in dem kleinen Ort Port Augusta ein. Hans und seine Frau Rose sind entsetzt, als sie die ganze Geschichte erfahren. Und da den beiden Unglücksraben schon beim Abendessen die Augen zufallen, werden sie gegen neun Uhr ins Bett verbannt. „Jetzt wird erst einmal ausgeschlafen. Morgen reden wir weiter. Heute seid ihr nicht mehr in der Lage, irgendetwas zu ändern."

Am nächsten und auch am übernächsten Tag wird der Vorfall stundenlang diskutiert. Weiter kommen sie damit allerdings nicht.

Frank und Britta hatten für den Besuch und den Kauf des Hauses nur eine Woche eingeplant.

Nach Rücksprache mit seiner Frau bietet Hans den beiden an, das Haus, das sich das Quartett in der Zwischenzeit wenigstens aus der Entfernung angesehen hat, auf seinen Namen zu kaufen und es so lange zu vermieten, bis wieder genügend angespart ist und sie den Kaufpreis zahlen können.

Da es den beiden nach dem Verlust der unverhofften Erbschaft nicht danach ist, verzichten sie auf das großzügige Angebot und bitten Hans, den Besitzer des Hauses zu informieren und sie zu entschuldigen.

Der Rückflug nach Frankfurt geht ohne besondere Vorkommnisse über die Bühne.

Beim späten Frühstück am nächsten Tag äußert Britta: „Eigentlich bin ich froh, dass wir nach deiner Pensionierung nicht nach Australien ziehen. Versteh mich nicht falsch. Das Haus, die Lage und die Gegend sind einmalig schön. Wir würden uns auch gut mit Hans und Rose verstehen. Doch wäre es mir auf Dauer zu einsam. Es würden mir außerdem unsere Verwandten und Freunde fehlen, ganz abgesehen von dem kargen kulturellen Angebot. Wir nagen nicht am Hungertuch, und wir können die beiden doch besuchen, wann immer uns danach zumute ist."

Frank seufzt tief: „Vielleicht hast du recht."

Das Jahr darauf feiert Hans' Frau Rose einen runden Geburtstag.

Da Britta von der Einladung nicht sonderlich angetan ist, schlägt Frank vor, allein nach Australien zu fliegen, um nebenbei vor Ort nochmals nachzuforschen, ob nicht vielleicht doch etwas gefunden wurde. Allerdings hat er wenig Hoffnung, denn in den Mail-Nachrichten des Priesters gab es diesbezüglich keine vielversprechenden Hinweise.

Dieses Mal übernachtet Frank in Hongkong und kommt ausgeruht in Melbourne an.

Mit dem Mietwagen nimmt er bewusst die gleiche

Strecke wie schon das Jahr zuvor.

Am frühen Nachmittag erreicht er das kleine Dorf. Als Erstes fährt er zur Kneipe.

Der Zufall will es, dass der Priester anwesend ist und gerade eine Kleinigkeit zu essen bestellt hat. Zusammen mit dem Seelenhirten und dem Wirt trinkt Frank etwas und kommt schnell auf die verlorene Tasche zu sprechen. Übereinstimmend erklären beide, dass diesbezüglich leider nichts Positives zu vermelden sei. Frank, der nichts anderes erwartet hat, verabschiedet sich höflich und steigt wieder ins Auto.

Kurz hinter der letzten Kurve im Ort liegt die Tankstelle.

Und mitten in der Kurve steigt er abrupt auf die Bremse. Das Auto kommt mit quietschenden Reifen und schlingernd quer auf der Straße zum Stehen. Der Motor säuft ab.

Mit offenem Mund starrt Frank auf die Zapfstelle und kommt aus dem Staunen nicht heraus. Anstelle der alten, gammeligen und heruntergekommenen Anlage aus dem Vorjahr präsentiert sich ihm eine große, helle und moderne Tankstelle mit vielen Pumpen und einem geräumigen, attraktiven Laden. Überall glänzt und glitzert es.

Obwohl offensichtlich noch nicht alles fertiggestellt ist, hat man schon geöffnet.

Frank lässt den Motor wieder an und umfährt einen mit Warnschildern abgesperrten Teil. Dort wird auf die Lagerung hochexplosiver Brennstoffe auf dem Gelände hingewiesen. Er parkt den Wagen.

Beim Öffnen der Ladentür tönt ihm, wie bei seinem ersten Besuch, flotte Marschmusik entgegen. Es riecht nach frischen Brötchen. Er blickt sich neugierig um. Eine Dame an der Kasse, zwei weitere in einer kleinen

Imbiss-Ecke, in der er Kaffee, Kuchen und belegte Brote erspäht. Nur getrennt durch ein großes Fenster erkennt er den Mann mit dem langen Pferdegesicht sofort wieder. Tatsächlich, da sitzt dieser Jeff Barker. Allerdings nun in einer ganz anderen Umgebung als im letzten Jahr. Als dieser Frank sieht, steht er auf und kommt auf ihn zu. Frank ist halb darauf gefasst, ihn im nächsten Moment wiehern zu hören. Es entgeht ihm nicht, dass der Mann heute frisch rasiert und gut angezogen ist.

„Hallo, Frank, schön Sie zu sehen. Wieder auf dem Weg nach Westen?"

„Stimmt, Mr. Barker. Ich beabsichtige, unsere Verwandten zu besuchen."

Er schaut sich in dem riesigen Gebäude um. „Sieht schön aus. Haben Sie schon geöffnet?"

„Nein, die Tanks sind zwar schon voll, aber die Zapfsäulen werden morgen früh erst angeschlossen. Mittags wird alles von den Behörden und der Versicherung abgenommen, und dann kann' s losgehen!"

„Ihnen geht' s offensichtlich richtig gut. Hat die Bank letztendlich doch mitgespielt? Haben Sie Ihren Kredit bekommen?"

„Nein, leider nicht, Frank. Da ich keine andere Möglichkeit mehr sah, habe ich meine letzten Spargroschen zusammengekratzt, und ‚Alles oder nichts' gespielt. Glücklicherweise hat es funktioniert."

„Ich verstehe nicht."

„Ich habe das Old Railway Building in Adelaide besucht."

„Im Bahnhof waren Sie? Ich komme immer noch nicht mit!"

Frank registriert, dass Schweißperlen auf der Stirn seines Gegenübers stehen.

„Im alten Bahnhof befindet sich heute das Kasino.

Ich war einige Male da, und ich habe Glück gehabt."

„Sie meinen, die Tankstelle ...das Restaurant, nun ja ...das ganze Areal hier, haben Sie beim Glücksspiel gewonnen?"

Jeff Barker grinst ihn mit seinen großen Kauwerkzeugen ein wenig verlegen an.

„So könnte man das sagen, Frank. Wissen Sie, manch einer verliert, und einige wenige haben Glück!"

Frank überläuft eine Gänsehaut. Er hält kurz inne und schaut sein Gegenüber aufmerksam an. Dann nickt er matt und verlässt, in Gedanken versunken, das Tankstellengelände.

Der Tankwart atmet tief durch und tritt vor die Tür. Er fummelt eine zerknautschte Packung Winfield aus der Hosentasche

‚Verdammt, dass dieser Deutsche doch noch mal hier auftaucht. Damit habe ich nun wirklich nicht gerechnet. Ob er was weiß? Nein, wahrscheinlich nicht, und außerdem, nachweisen kann er mir nichts. Nur Ruhe, die Geschichte mit dem Spielgewinn war gut, die hat er gefressen'.

Mit bebenden Fingern zündet er sich eine Zigarette an, schleudert das verglimmende Streichholz weg und zündet das nächste an. Endlich! Tief inhaliert er den ersehnten und beruhigenden Rauch. Er dreht sich um und kehrt zurück in den Laden.

Frank ist nur wenige hundert Meter gefahren, als er im Rückspiegel eine riesige Stichflamme wahrnimmt.

Eine Sekunde darauf erschüttert eine gewaltige Detonation die Gegend.

Kurze Zeit später wird das Radioprogramm unterbrochen und Frank hört, dass die durch eine Explosion einer Tankstelle verursachte Erschütterung Behördenangaben zufolge eine Stärke von 2,4 auf der Richterskala erreichte.

Er nickt versonnen, wirft noch einen letzten Blick auf die Rauchsäule in der Ferne am Horizont und wechselt den Sender. Im Radio dudelt schon wieder Marschmusik:

'Oh, when the saints go marching in'.

„Vielleicht gar nicht so unpassend", murmelt Frank, während er das Lied mit einem unmelodischen Summen begleitet.

Er beschließt, den heutigen Besuch endgültig aus seinem Gedächtnis zu streichen.

So, als sei er nie an diesem Ort gewesen.

Kriminelle Energie

Es war schon merkwürdig. Helga hatte in diesem Augenblick nur Angst, sich in die Hosen zu machen. Sie hatte morgens drei große Tassen Tee getrunken. Es war Freitag, ihr Diät-Tag. Zum Frühstück gab es meistens nur Tee, mittags eine Suppe und abends reichlich Gemüse.

Die Morddrohung, die gerade im Raum hing, schien sie viel weniger zu beunruhigen als der Zustand ihrer Blase. Helga lag auf dem Bauch neben dem großen Kopierer und schaute unter ihm hindurch auf die gläserne Bürotür ihres Chefs. Sie stellte fest, dass ein Radiergummi und ein Stück Pfefferminz unter den Kopierer gerollt waren. Sie lagen im zentimeterdicken Staub. Hinter sich hörte sie lautes Atmen. Sabine lag bestimmt nicht viel weiter als einen Meter von ihr entfernt. Ihre beleibte Kollegin, eine richtige ‚Couch-Potato', hatte Asthma und dürfte sich am Boden bestimmt nicht sehr wohl fühlen.

Es war alles ganz schnell gegangen. Sabine wartete schon vor der Bank, als Helga die Tür der kleinen Filiale im Hochtaunuskreis aufschloss. Während sie Sabine vorgehen ließ und ihre Tasche wieder schulterte, spürte sie plötzlich einen harten Gegenstand in ihrem Rücken. „Gehen Sie rein! Keine falsche Bewegung, ich habe eine Pistole. Drehen Sie sich nicht um!"

Die Stimme war männlich, melodiös und akzentfrei. Sie rief in ihrem tiefsten Inneren Erinnerungen wach. In der Scheibe konnte sie vage die Umrisse einer ziemlich großen Person ausmachen, die sich etwas über das Gesicht zog.

Während sie die Bank betraten, bemerkte sie, dass sich eine weitere Person zu ihnen gesellte.

„Die Schlüssel her und keine Sperenzchen, sonst knallt es“, fügte der zweite Mann hinzu, der auch eine Maske trug. Er schloss die Tür hinter ihnen. Seine Stimme war rauchig, und Helga glaubte einen süddeutschen Tonfall herauszuhören. Er wandte sich wieder an die Frauen: „Legt euch dort in der Ecke auf den Boden, das Gesicht nach unten. Keine Tricks, sonst geht's euch schlecht!“

Helga überlegte während ihrer unfreiwilligen Turnübung, dass die Putzfrau den Kopierer beim nächsten Mal ruhig mal zur Seite rollen sollte, damit auch darunter sauber gemacht werden konnte. Bei dem Gedanken wunderte sie sich ein wenig, dass sie innerlich so cool bleiben konnte.

Der Mann, der sie an der Tür abgefangen hatte, beugte sich über die Frauen. „Bitte, stehen Sie auf und kommen Sie mit ins Büro!“

Sie setzten sich ins Chefzimmer. Nummer Eins zog ein Schreiben aus einer dünnen Tasche und legte es vor Helga auf den Tisch. „Bitte, unterschreiben“, sagte er kurz. Helga las: „Wegen eines Wasserschadens öffnet die Bank heute später. Wir bitten um Ihr Verständnis.“

Unter dem Schreiben, das auf dem Briefbogen der Bank erstellt worden war, standen der Vor- und Zuname des Chefs, Horst Appelt, und ihr eigener. Die Unterschrift des Filialleiters war schon vorhanden. Nachdem Helga unterschrieben hatte, wurde das Papier von Nummer Zwei mit Klebeband an der Tür befestigt.

Sabine schniefte leise und wischte sich mit dem Ärmel über die Augen. Nummer Eins wandte sich den Frauen zu. „Sie brauchen keine Angst zu haben. Mein Partner meint das nicht so. Wenn Sie uns helfen, passiert Ihnen nichts. Dafür garantiere ich."

Helga schaute auf seine schmalen Hände mit den langen Fingern. Auf dem rechten Mittelfinger hatte er ein kleines Muttermal. Er könnte Pianist sein, dachte sie sich. Obwohl sie nur seine Stimme gehört und seine Hände gesehen hatte, glaubte sie ihm.

„Was hat Herr Appelt mit der Sache zu tun?", fragte sie leise.

„Nichts, wir haben seine Unterschrift gefälscht. Wir wissen, dass er heute nicht da ist. Wir sind keine Helden. Wir …"

„Ja, ich verstehe, Sie nehmen es lieber mit zwei Frauen auf. Das ist einfacher. Nein, Helden sind Sie wirklich nicht, Sie sind feige!

Nummer Eins schaute Helga durch die Schlitze seiner Mütze an.

„Gut, meinetwegen. Sie wissen, warum wir hier sind."

„Ja, natürlich weiß ich das. Sie wollen die Wasserschäden beseitigen."

Nummer Eins stutzte einen Moment. „Sehr lustig", sagte er, „wo sind die Schlüssel?"

In dem Moment wurde laut an der Eingangstür geklopft. Nummer Zwei zog die Rollläden einige Zentimeter hoch, damit er durchschauen konnte. „Da steht eine alte Frau."

„Was macht sie?", fragte sein Komplize.

„Sie liest wohl unseren Zettel. Ah …, jetzt geht sie wieder."

Helga schaute auf die Schlitze, sie versuchte seine

Augen zu sehen.

„Okay., alles in Ordnung. Also, wo sind Ihre Schlüssel?", sagte Nummer Eins, den Helga gedanklich jetzt ‚der Pianist' nannte.

„Meine Schlüssel sind in meiner Tasche. Die nützen Ihnen allerdings nichts, denn Sie brauchen einen zweiten für den Tresor."

„Dann geben Sie mir mal Ihre Tasche", antwortete Nummer Eins ein wenig ungeduldig. Er öffnete sie und kramte drei Schlüsselbunde hervor. „Sie haben mehr Schlüssel als eine Gefängniswärterin, wozu sind die denn alle?"

„Der große Bund ist für zuhause, dieser hier für die Bank und der kleine … der … der … ist von meinem Freund."

„Hm", sagte der Pianist, „Ihr Freund also. Ich dachte, dass Herr Appelt glücklich verheiratet ist. Soweit ich weiß, sind es seine Schlüssel, die Sie vorhin abgeholt haben."

Helga schluckte: „Wie … woher wissen Sie das?

„Es ist doch bekannt, dass sein Vater gestorben ist und heute Morgen beerdigt wird."

„Ah, daher weht der Wind", sagte Helga. „Sie haben spioniert."

„War nicht nötig. Es steht in allen Zeitungen. Wir haben nur überprüft, ob Sie vorhin tatsächlich bei ihm vorbeigefahren sind."

Er stand auf. „Gehen wir …!"

Helga seufzte und erhob sich.

Der Pianist wandte sich Nummer Zwei zu: „Du kannst die Kassenbox und die Geldschubladen checken. Lass das Münzgeld da. Das ist zu schwer."

Er deutete auf Sabine. „Und halte die Frau im Auge. Sorge dafür, dass sie nicht mit dem Alarmknopf spielt." Vor dem Tresor übergab er Helga die

Schlüssel. Ein wenig spöttisch sagte er: „Sind Sie so liebenswürdig und machen mir die Tür auf."

Helga gab ihm die Schlüssel wieder zurück. „Es ist besser, Sie öffnen sie selbst; das könnte beim Strafmaß mildernd angerechnet werden."

„Wie bitte?"

„Nun, beim Strafmaß wird zwischen Raub und räuberischer Erpressung unterschieden."

„Das ist mir zu hoch. Sind Sie eigentlich Bankerin oder Juristin?"

Helga antwortete nicht und folgte dem Pianisten zum Tresor. Er holte einen großen schwarzen Einkaufsbeutel aus seiner Jackentasche und fing an, mit fahrigen Händen die Banknotenstapel einzupacken. Er schaute auf die Uhr. Sie waren in der Zeit. Es lief alles nach Plan.

Nur wenige Minuten danach standen beide Bankräuber mit je zwei Beuteln in der Hand an der Tür

„Danke für Ihre Kooperation", sagte der Pianist.

„Wir werden Sie weiter empfehlen", ergänzte Nummer Zwei.

Er lugte wieder durch die Rollläden und erstarrte. „Verdammt, schau mal Gerd, da ist überall Polizei!"

Helga registrierte, dass der Pianist einen Namen bekommen hatte. Ob es sein richtiger Name war?

„Mensch, Gerd, wie kann das bloß sein? Wo kommen die her? Weißt du was, wir nehmen die Frauen einfach als Geiseln. Dann müssen die uns gehen lassen."

Nun schaute Gerd auf die Straße.

Langsam ging er wieder zurück in den Raum und schaute die Angestellten an. Er dachte offensichtlich einen Moment nach, zog dann seine Mütze herunter und schaute Helga voll an. „Wir geben Ihnen das Geld hiermit wieder zurück."

Helga musterte ihn interessiert. „Brauchen Sie eine Quittung?“, fragte sie.

Gerd lächelte ein wenig säuerlich. „Ihr Humor wird mir wahrscheinlich fehlen. Wenn Sie versprechen, uns einmal im Knast zu besuchen, ergeben wir uns auch. Abgemacht?“ Helga schaute in ein Paar offene braune Augen in einem blassen Gesicht. Seine dünnen blonden Haare standen wild ab. Sie antwortete nicht. „Kann ich mich darauf verlassen?“, wiederholte er und streckte ihr seine Hand entgegen. Zögernd drückte sie sie: „Gut, einverstanden!“

Nummer Zwei stand einen Augenblick unschlüssig da. Dann zog er auch seine Mütze ab. „Meinetwegen, du bist der Chef …“

Helga schloss die Tür auf.

Drei Polizeiautos standen wie im Film aufgereiht im Halbkreis direkt vor der Bank. Helga trat hinaus und ging auf den ersten Wagen zu. Nachdem sie kurz mit dem zuständigen Einsatzleiter gesprochen hatte, winkte sie zur Tür. Gerd und sein Komplize kamen mit erhobenen Händen hinaus und wurden in die Autos verfrachtet.

Erst am Nachmittag erfuhren die beiden Frauen, wie das Ganze abgelaufen war. Die Frau des Polizeichefs wollte sich bei der Bank über einen nicht stornierten Dauerauftrag beklagen. Sie rief, nachdem sie den Hinweis auf den Wasserschaden an der Tür gelesen hatte, sofort ihren Mann an, der zusammen mit Herrn Appelt an der Beerdigung teilnahm. Der Rest war Routine.

Beide Bankräuber wurden jeweils zu einem Jahr Gefängnis verurteilt. Helga hielt Wort. Sie besuchte Gerd einige Wochen nach der Verhaftung. Eine Woche danach besuchte sie ihn wieder und bald ging sie regelmäßig hin.

Nach nicht mal einem halben Jahr war es beiden klar, dass sie, sobald Gerd entlassen war, zusammenziehen würden.

Nach der ersten heißen Nacht in Freiheit frühstückten sie zu einer Zeit, zu der andere zu Mittag essen, in Helgas Wohnung. Nachdem sie abgeräumt hatte, legte sie eine Mappe auf den Tisch.

„Hör mal, mein lieber Gerd, ich hab dich sehr, sehr gern. Ich glaube, dass wir uns gut verstehen werden. Eines musst du mir allerdings versprechen: Überfalle nie, nie wieder eine Bank! Mensch, wenn ich daran denke, dass du bei einem solchen Überfall erschossen werden könntest…“ Sie vollendete den Satz nicht. Gerd schaute Helga treuherzig an.

Während sie beide Hände auf die Mappe legte, musterte sie ihren Freund. Sie sagte nichts. Da man Helga nicht als übermäßig schweigsam einstufen konnte, schwieg sie für ihre Verhältnisse recht lange. Gerd senkte seinen Blick nicht, obwohl ihm dabei ein wenig kribbelig wurde.

Schließlich sprach sie weiter: „Weißt du, ein Banküberfall rentiert sich kaum noch. Die Summen, die man heute noch erbeuten kann, sind im Verhältnis zum Risiko viel zu klein.“ Wieder schwieg sie, während sie die Fingerspitzen tastend zusammenlegte. „Es gibt andere und bessere Methoden.“

Erstaunt blickte er zu ihr auf. „Ja, Gerd, wesentlich bessere Methoden! Du weißt wahrscheinlich, dass in unserer Gegend extrem reiche Leute wohnen. Viele haben ein Konto bei uns.

Mir ist aufgefallen, dass einige Konten, auf denen Millionen liegen, schon seit Jahren nicht mehr bewegt wurden.“ Sie öffnete die Mappe. „Hier sind Namen,

Adressen und Kontoinformationen dieser Leute. Von einigen Kunden ist mir bekannt, dass die Männer gestorben sind und ihre Witwen im Heim leben. In zwei Fällen haben die Frauen keine Erben. Ich glaube, da ließe sich einiges machen. Meine Kollegin zeichnet alles ab, was ich ihr vorlege. Ich weiß, wie wir von einem solchen Konto fünf oder zehn Prozent abzweigen können. Und wenn das Geld wirklich mal gebraucht wird, holen wir es von einem anderen Konto."

Langsam machte Gerd seinen Mund wieder zu. Seine Augen wurden größer, und das Lächeln in seinem Gesicht entwickelte sich zu einem immer breiter werdenden Grinsen.

Kostenlose Zugabe

Als sie Thomas Baric zum ersten Mal sah, erschrak sie. Nicht dass er schlecht aussah, nein, im Gegenteil, er hatte schwarzes, welliges Haar, schöne weiße Zähne und regelmäßige Gesichtszüge. Es war sein Blick, der Nada unangenehm war. Er schaute ihr nicht ins Gesicht, wenn er mit ihr sprach, sondern schielte nur auf ihren Körper. Es war Antipathie auf den ersten Blick.

Boris Krajicek, Nadas Vater, seit einigen Jahren verwitwet, hatte die Familie Baric schon einige Male eingeladen. Baric gehörte die Werft, und damit war er einer der reichsten Männer auf der Insel Losinj. Krajicek war sich bewusst, dass seine jetzt sechzehn Jahre alte Tochter Nada zu den hübschesten Mädchen weit und breit zählte. Es war ihm klar, dass eine Verbindung zwischen beiden Familien sein gesellschaftliches Ansehen enorm verbessern würde.

Nach der Zusage des reichen Reeders überließ Krajicek nichts mehr dem Zufall. Die Wohnung wurde auf Vordermann gebracht, und er beauftragte sogar einen Koch, der das opulente Dinner zubereitete.

Die Einladung war ein voller Erfolg, noch am gleichen Abend wurde eine Gegeneinladung durch die Barics ausgesprochen.

Thomas Baric, gut 15 Jahre älter als Nada, hatte bisher nichts anbrennen lassen, und seine Reputation auf der Insel war nicht die beste. Er ärgerte sich, dass Nada nicht bereit war, sich außerhalb des Familienclans mit ihm zu treffen. Die gegenseitigen Einladungen der Familien häuften sich jetzt, und nach einem dreiviertel Jahr waren sich die Eltern einig. Thomas und Nada sollten heiraten.

Als Nada beim morgendlichen Frühstück vom Diktum ihres Vaters erfuhr, sprang sie auf, schnappte sich wütend ihr Fahrrad und fuhr ins Dorf, um sich ihrer besten Freundin anzuvertrauen. Mit Tränen in den Augen überquerte sie die Umgehungsstraße. Dabei übersah sie ein heranfahrendes Auto und, obwohl der Fahrer eine Vollbremsung machte, erfasste er Nada am Knie und an der Hüfte.

Glücklicherweise war der örtliche Arzt, der nicht weit von der Unfallstelle wohnte, schnell da. Zusammen mit dem Fahrer des Wagens trug er Nada ins Auto und brachte sie in die Praxis.

Nach einer gründlichen Kontrolle von Hüfte und Knie richtete der Arzt sich auf: „Mädchen, da hast du Glück gehabt. Das Hämatom an der Hüfte wird dir noch eine Weile Schmerzen bereiten, das Knie scheint so weit in Ordnung zu sein, nur die Wunde müssen wir flicken. Meine Sprechstundenhilfe ist noch nicht da, ich schaue einmal nach, ob mein Sohn schon wach ist und uns assistieren kann."

Nada kannte ihn, den Jungen mit dem ausgefallenen Namen, der eine Klasse unter ihr war. Pankratius war ein stiller Junge mit roten Haaren und vielen Sommersprossen. Sie hatte noch nie mit ihm gesprochen. Er schien sich medizinisch auszukennen, denn ohne viele Worte assistierte er seinem Vater, der die Fleischwunde oberhalb des Knies säuberte. Als Nada sah, wie tief die Wunde war, wendete sie ihr Gesicht ab. In seiner burschikosen Art, die vielen Insulanern eigen war, versuchte der Arzt, Nada ein wenig aufzumuntern: „Dann werden wir mal schauen, ob der Nähkurs an der Uni etwas gebracht hat. Jetzt zählen wir langsam bis zwanzig und dann haben wir's schon."

Trotz der örtlichen Betäubung schmerzte die Wunde. Nada biss sich auf die Lippen, bis sich ein roter Bluttropfen zeigte. Der Sohn des Arztes nahm jetzt ihre Hand und zählte bedächtig, während sein Vater die Wunde nähte: „Eins, zwei, drei …"

Der Junge schaute sie dabei an. Nada schlug ihre Augen nicht nieder, wie sie es sonst wohl gemacht hätte. Der Blickkontakt half ihr, die Schmerzen besser zu ertragen. Sie glaubte, eine große Zärtlichkeit in seinen Augen zu bemerken. „Zweiundzwanzig!", sagte er nach einer Ewigkeit.

„Na, so was", sagte sein Vater, „jetzt habe ich mich tatsächlich verschätzt, das war eben eine kostenlose Zugabe."

„Wie bitte?", fragte Nada mit dünner Stimme.

„Du kannst jetzt hinschauen, ich habe deine Wunde mit zweiundzwanzig Stichen genäht, bald kannst du wieder Fahrrad fahren. Ich glaube nicht, dass etwas zurückbleiben wird."

Nach dem Unfall musste Nada sich wieder mit den Hochzeitsplänen ihrer Familie auseinandersetzen. Sie war immer noch entsetzt von der Vorstellung, Thomas Baric heiraten zu müssen und versuchte, mit Hilfe ihrer Großmutter auf den Vater einzuwirken. Auch die gutgemeinten Ratschläge ihrer Freundin waren vergebens. Kurz nach Nadas 17. Geburtstag wurde Hochzeit gefeiert.

Ein Jahr nach der Hochzeit übernahm Thomas die Werft von seinem Vater. Bei dem großen Konkurrenzdruck war sie allerdings nicht mehr konkurrenzfähig, sie warf immer weniger ab und wurde bald verkauft. Thomas machte jetzt häufig Reisen in die Türkei und nach Nordafrika. Anscheinend um neue Geschäfte anzubahnen, aber in Wirklichkeit stieg er ins Drogengeschäft ein.

In nur wenigen Jahren war Thomas Baric reicher als sein Vater es je gewesen war.

Seine Ehe mit Nada war nicht glücklich.

Thomas hatte seit langem die Beziehungen zu seinen ehemaligen Geliebten wieder aufgenommen. Nada war froh, wenn er weg war. Sie las viel und kümmerte sich mit ihrer Großmutter, die nach dem Tod des Großvaters ins Souterrain eingezogen war, um den riesigen Garten, in dem sie sich gerne aufhielt. Nach wenigen Jahren kannte sie fast alle Pflanzen auf der Insel, und sie spezialisierte sich auf die Nachzucht von einheimischen Hochlagenkulturen, die vom Aussterben bedroht waren.

Obwohl Nada bei den seltenen Besuchen ihres Mannes widerwillig immer wieder mal mit ihm schlief, blieb der erhoffte Thronfolger aus.

Als ihre Großmutter starb, verschlechterte sich die Situation. Nada konnte sich an niemanden wenden, wenn Thomas aggressiv wurde und sie schlug. Und das geschah immer häufiger, wenn er getrunken hatte. Mit ihrem kalten, gefühllosen Vater, der nur an seiner gesellschaftlichen Stellung interessiert war, konnte sie nicht reden. Er sah Frauen als Besitz an und damit hatte es sich.

Mit Ausnahme einer jüngeren Schwester ihres Mannes, Tante Tatjana, die Nada erst einmal gesehen hatte und die in der Nähe von Dubrovnik lebte, hatte Nada keine Verwandten mehr.

Nach einem heftigen Streit, bei dem sie ihren Mann mit einem Buch konfrontierte, in dem die Rechte der

Frauen aufgezeigt wurden, schlug er sie derart zusammen, dass sie das Bewusstsein verlor. Als sie wieder zu sich kam, erkannte sie, dass sie im Schuppen eingeschlossen war, wo sie eine lange Nacht verbringen musste. Während Nada wütend, weinend und frierend auf dem harten Boden lag, sah sie plötzlich einen Lichtschein im Garten. Sie hörte ein Feuer knistern und schaute aus dem kleinen Fenster. Das konnte nicht wahr sein! Thomas verbrannte ihre Bücher.

Als sie am nächsten Morgen merkte, dass die Tür offen war und sie ihr nächtliches Lager verlassen konnte, stellte sie fest, dass sich kein einziges Buch mehr im Haus befand, sogar die Gartenliteratur und die Kochbücher waren nicht verschont worden.

Da traf sie ihre Entscheidung.

Am 2. Mai 1980, genau an ihrem Geburtstag, fand die Haushaltshilfe auf dem Frühstückstisch eine kleine Notiz: ‚Vergib mir, ich kann nicht mehr. So kann ich nicht weiterleben. Nada.‘

Da Thomas wieder verreist war, lief das Dienstmädchen mit dem Zettel sofort zu Nadas Vater, der in der Nähe wohnte. Zusammen suchten sie das Haus und das Grundstück ab. Nichts!

Schließlich rief Krajicek die Polizei. Die beiden Polizisten waren genauso erfolglos. Fast zur gleichen Zeit wurden am steinigen Strand der Bucht Nadas Kleider und ihre Tasche gefunden. Beim Öffnen der Tasche stellten die Polzisten fest, dass offensichtlich nichts fehlte. Nadas Papiere, Ausweis und Geld, alles war vorhanden. Auch eine Inspektion der Wohnung brachte nichts. Anschließend wurde die Suche nach Nada eingeleitet. Keine Spur von der jungen Frau.

Da es sich offensichtlich um Selbstmord handelte und keine Hinweise auf eine Straftat vorlagen, wurde der Fall nach wenigen Wochen zu den Akten gelegt. Ihrem Ehemann gegenüber bezeichnete der örtliche Pfarrer Nadas Flucht aus dem Leben als tragisch und vermeidbar. Wenig später wurde ein kleines Eisenkreuz auf den Friedhof von Losinj aufgestellt, das an Nada erinnern sollte.

Sein Chef rief ihn nachts um vier Uhr an. „Du, Andrej, ich habe da etwas für dich. Aus gut unterrichteter Quelle bei der Staatsanwaltschaft habe ich erfahren, dass Baric tot ist. Du weißt schon, der alte Mafioso auf der Insel Losinj, dem sie nie etwas anhängen konnten. Jetzt scheint ihn die Konkurrenz erwischt zu haben, angeblich wurde er erschossen aufgefunden. Er wird morgen beerdigt. Du solltest dich da mal unauffällig umsehen. Vielleicht hast du Glück und findest einige Leute, deren Münder nicht zugenäht sind. Übrigens, deine Maschine geht kurz vor zehn, du solltest dich langsam in die Vertikale begeben.“

Es ist unglaublich, dass man im Jahr 2011 in einem solch kleinen Land wie Kroatien für eine Strecke von nicht mal 250 Kilometern einen ganzen Tag braucht. Andrej Suker ließ sich den Tag noch mal durch den Kopf gehen: Fast eine Stunde im Berufsverkehr zum Flughafen in Zagreb, der verspätete Flug nach Rijeka, die Warterei auf den Bus zum Fährhafen. Und als Höhepunkt das stundenlange Warten auf einen neuen Autobus nach Nerezine auf der Insel Losinj, weil der andere Bus Probleme mit der Elektronik hatte.

Verstaubt und durstig hatte er schließlich im Hotel Televrin eingecheckt. Nach einer Katzenwäsche und einem Bier aus dem Kühlschrank war er wie bewusstlos ins Bett gefallen.

Am nächsten Morgen sah die Welt schon ganz anders aus. Nach einem schmackhaften Frühstück im

Garten des Hotels entschloss er sich, den Ort ein wenig anzuschauen. Er erkundete den malerischen Hafen und den kleinen Marktplatz. Ein wenig später stieß er auf den alten Dorffriedhof. Es war schon angenehm warm. Er setzte sich auf eine kleine Mauer und genoss die grandiose Aussicht über den Ort und die Bucht.

Außer ihm befand sich nur eine ältere Dame mit halblangen grauen Haaren und einer großen Sonnenbrille auf dem Gelände. Er beobachte, wie sie alle Reihen langsam ablief und sich von Zeit zu Zeit bückte, um sich wahrscheinlich die Namen anzusehen.

Während Andrej sich eine Zigarette anzündete, sah er, wie die Frau plötzlich stutzte und sich weit nach vorne beugte. Im gleichen Moment stolperte sie, kippte zur Seite und blieb regungslos liegen.

Andrej sprang sofort auf und rannte zu ihr. Sie schien ohne Bewusstsein zu sein. Während er sich gerade überlegte, wo er einen Arzt finden konnte, schlug sie die Augen auf. Ihre Brille lag neben ihr, und er schaute in ein schönes, fein gezeichnetes Gesicht. Sie erinnerte ihn ein wenig an eine französische Briefmarke, auf der man Catherine Deneuve bewundern konnte.

Er beugte sich zu ihr: „Ich hole einen Arzt."

„Vielen Dank, das ist nicht nötig, es ist nur die Hitze, mir ist nichts passiert."

Langsam lief er mit ihr zum Ausgang. „Ich bringe Sie nach Hause. Wo wohnen Sie?", fragte er.

„Nein, es ist wirklich nicht nötig, junger Mann, ich bin hier zu Besuch. Nochmals herzlichen Dank für Ihre Hilfe."

Andrej schaute ihr nach, während sie langsam und elegant die Straße hinunterlief und um die Ecke verschwand. Er setzte sich wieder auf das Mäuerchen und zündete sich erneut eine Zigarette an.

Bevor er ins Dorf zurückging, lief er den Gang entlang, in dem die unbekannte Dame so plötzlich umgefallen war. Vor dem Grab sah er etwas glitzern. Er hockte sich hin und hob eine verstaubte kleine Brosche auf. Wahrscheinlich hatte die Dame sie beim Sturz verloren. Neugierig schaute er sich das Grab an und merkte sich den Namen unter dem kleinen Kreuz: ‚Nada Baric – geboren am 2. Mai 1950 – gestorben im Juni 1980'. Auf dem Kreuz sah man das vergilbte Bild eines jungen, schüchtern wirkenden Mädchens. Merkwürdig, dachte er noch, es ist kein Sterbedatum angegeben. Man kennt doch den genauen Tag, wenn ein Mensch stirbt.

Er nahm sich vor, sich im Dorf zu erkundigen, was es mit dieser Frau Baric auf sich hatte.

Beim Betreten des Gastraums sah er sie, die alte Dame vom Friedhof. Sie saß allein an einem Tisch, trank eine Tasse Kaffee und rauchte in Ruhe eine Zigarette.

„Wir scheinen im Moment die einzigen Gäste hier zu sein. Gestatten Sie?"

Sie lächelte ihm aufmunternd zu, so dass er sich auf dem Stuhl neben ihr niederließ.

Er legte die Brosche auf den Tisch.

„Oh, das habe ich gar nicht gemerkt. Die habe ich doch von Andrej, meinem Mann. Die muss ich beim Sturz verloren haben. Vielen, vielen herzlichen Dank."
„Jetzt haben Sie sie nochmals von einem Andrej bekommen", antwortete er. „Ich heiße nämlich auch so."

„Ich bin wirklich sehr froh, dass Sie sie gefunden haben. Es ist ein Andenken an ihn, denn im Gegensatz zu Ihnen lebt er nicht mehr." Sie schaute ihn durch ihre getönten Gläser an: „Der Krieg, wissen Sie."

„Ja", erwiderte er, „der Krieg war schrecklich; ich

habe zwei Onkel verloren."

Er wechselte das Thema. „Machen Sie Urlaub auf der Insel?"

Sie schaute ihn an. „Nein, ich komme zu einer Beerdigung. Und was machen Sie hier?"

Er war nicht auf die Frage vorbereitet: „Ich … ich mache auch ein wenig Urlaub. Ich bin Schriftsteller; mir … mir gefällt's hier."

Beim Lunch stand sie plötzlich wieder an seinem Tisch und setzte sich zu ihm: „Sind Sie vielleicht auch wegen der Beerdigung hier?"

„Eh …, eigentlich nicht, wer wird beerdigt?" Er kam sich recht dämlich vor.

„Sie lügen schlecht. Woher wissen Sie es?", ergänzte sie.

„Woher weiß ich was?"

„Woher wissen Sie, dass er beerdigt wird?", fragte sie.

„Das kann ich Ihnen leider nicht sagen."

Sie schob ihre Brille auf die Nasenspitze. Ihre großen grauen Augen schauten ihn belustigt an: „Können Sie nicht oder wollen Sie nicht? Na, ist ja schließlich egal. Auch wenn Sie mich angeschwindelt haben, irgendwie mag ich Sie. Wie alt sind Sie?"

Er stutzte ein wenig: „Im Oktober werde ich fünfunddreißig."

Sie schaute ihn eine Weile prüfend an.

„Ich mache Ihnen einen Vorschlag. Morgen früh findet die Testamentseröffnung statt. Ich will unbedingt vermeiden, dass etwas Falsches in den Medien vermittelt wird. Ich habe Ihre Daten vorhin gegoogelt. Ihren Nachnamen habe ich an der Rezeption erfahren. Ihren Vornamen haben Sie mir vorhin selbst verraten. Sie sind tatsächlich fünfunddreißig. Es stimmt auch, dass Sie Schriftsteller sind. Sie haben einen Bestseller über das organisierte Verbrechen in Europa geschrieben. Trotz Ihres jugendlichen Alters sind Sie im Hauptberuf ein angesehener Journalist und schreiben für die Slobodna Dalmacija. Sie können mich morgen zum Notar begleiten."

„Ich verstehe nicht."

„Können Sie auch nicht, aber es gibt Ihnen die Gelegenheit, aus erster Hand zu berichten. Denn deshalb sind Sie hier, nicht wahr?"

Er seufzte: „ Sie haben Recht. Es tut mir leid, ich hatte meine Gründe, etwas zurückhaltend zu sein. Nachdem Sie jetzt wissen, warum ich hier bin, möchte ich Ihnen gerne einige Fragen stellen."

„Das steht Ihnen natürlich frei."

„Wie ist Ihr Name und woher kommen Sie? Sind Sie mit dem Verstorbenen verwandt?" Langsam holte er die Fragen nach, die er schon längst hätte stellen sollen.

„Ich komme aus Dubrovnik. Sie können mich Tatjana nennen. Näheres werden Sie morgen beim Notar erfahren."

Obwohl Andrej gut nachfassen konnte, wenn er etwas wissen wollte, wusste er genau, dass dies bei ihr keinen Sinn hatte.

Am Mittag ging er zur Beerdigung. Er beobachtete sie aus einiger Entfernung. Der Trauerzug zog von der Kirche an der langen Mauer entlang. Er schätzte den Zug auf knapp hundert Personen, die alle dunkle Kleidung trugen. Nicht jeder ging in Schwarz, einige trugen auch die farbige Inseltracht. Tatjana hielt sich im Hintergrund; sie lief allein, man schien sie im Ort nicht zu kennen. Nachdem alles vorüber war, blieb Andrej auf seinem Mäuerchen sitzen und ließ die Trauergäste an ihm vorbeigehen. Er sah viele dunkle, wettergegerbte Gesichter. Die meisten Leute waren ärmlich angezogen, einige allerdings sahen pikfein aus und zeigten viel Glitzer und Gold. Seine neue Bekannte kam als Letzte und sprach ihn an: „Andrej, eigentlich können Sie auch mit ins Café gehen. Ich werde Sie als meinen Neffen ausgeben, wenn ich gefragt werde. Sie sollten mich Tante Tatjana nennen. Lockt Sie das Angebot?“

Er sagte sofort zu.

Der Leichenschmaus fand in einem Hotelsaal statt, der schon bessere Zeiten gekannt hatte. Andrej setzte sich neben Tatjana und hörte den Gesprächen um sich herum zu. Man unterhielt sich über die Worte des Predigers und die beiden Reden am Grab, die Andrej nicht mitbekommen hatte.

Nachher wurde es profaner: „Hast du die gesehen, ihr Mann war gar nicht dabei“, und „Dass der sich traut, zu der Beerdigung zu kommen, wie der aussieht“, und „Weißt du noch, damals?“ Der Slibowitz tat seine Wirkung, nach einer Stunde sah Andrej nur noch heitere Gesichter. Nach den ersten Zoten verabschiedete sich Tatjana.

Da er mit seinen Tischnachbarn wenig anfangen konnte und durch die Sitzordnung bedingt keine Möglichkeit sah, sich mit anderen Gästen zu unterhalten, verzog sich Andrej wenig später in sein Hotel.

Am nächsten Tag lief er mit Tatjana durch die ruhigen Gassen zum Notar. Es wehte eine sanfte Brise vom Meer und versprach ein warmer Tag zu werden.

Der Notar, ein stattlicher, komplett kahler Mann, öffnete die Tür und führte sie in sein Arbeitszimmer. Tatjana stellte den Journalisten einfach als Andrej vor und gab dem Notar die Hand.

Es freut mich, Sie müssen Barics Schwester sein, die

im Süden lebt. Wir haben uns leider nie kennengelernt. Haben Sie Ihren Ausweis dabei?"

Schweigend legte Tatjana das Dokument auf den Tisch und nahm in dem ihr angebotenen Sessel Platz.

Der Notar holte die betreffenden Unterlagen aus einer Mappe und las ein Schriftstück vor. Es führte aus, dass Thomas Barics Schwester Tatjana nach Ablauf der Erbausschlagungsfrist die Erbschaft automatisch antreten würde. Der Notar griff nach Tatjanas Ausweis: „So, dann übertrage ich die Daten, und dann können wir die Papiere unterzeichnen."

Tatjana stand auf: „Einen Moment noch bitte." Sie öffnete ihre Tasche, nahm einen Briefumschlag heraus und überreichte ihn dem Notar mit den Worten: „Tatjana Baric ist sehr krank. Sie lebt in einem Heim in Dubrovnik. Sie hat mich als Generalerbin eingesetzt."

Der Notar öffnete den Umschlag, faltete den Bogen auf und las die wenigen Zeilen. Kraftlos fiel der Brief aus seinen Händen.

Er starrte auf den Ausweis und schaute Tatjana verwirrt an.

Zehn Sekunden saß er so da. Regungslos! Sein gebräuntes Gesicht war weiß geworden.

„Nein, nein, das ist unmöglich … unmöglich … du bist … nein … ich glaube es nicht, das … das kann nicht sein …"

Tatjana nahm ihre Brille ab. Sie lächelte ihn schelmisch an. „Du hast im Laufe der Jahre ein paar Haare verloren, Pankratius."

Der Notar war sprachlos.

Ich hoffe, du hast dich im Rechnen verbessert, damals konntest du nur bis zweiundzwanzig zählen."

Pankratius lief jetzt fassungslos um den Tisch herum und schaute seinem Gegenüber in die Augen. „Ja, du bist es. Wahrhaftig, du bist es … du bist es wirklich, du bist Nada!“

Nada zog ihren Rock ein wenig übers Knie hoch. Die lange Narbe war immer noch sichtbar.

„Schau, Pankratius, das hat dein Vater doch schön hinbekommen.“

„Ich brauche die Narbe gar nicht zu sehen, Nada. Deine Augen sind es. Ich habe sie zweiundzwanzig Stiche lang bewundert und habe nie wieder solche Augen gesehen.

Aber warum bloß? Wieso? Es war … ich … ich war damals …ich …ich war sehr, sehr traurig.“

„Pankratius, das ist eine längere Geschichte. Ich musste damals meinen Tod inszenieren, damit mein Mann nur nicht auf die Idee käme, ich würde noch leben. Er hätte mich gefunden und umgebracht.

Obwohl ich Tante Tatjana in meiner Kindheit nur bei einer einzigen Gelegenheit kennengelernt hatte, hat sie mir damals geholfen. Sie mochte ihren Bruder nicht besonders. Sie hat mir über eine Freundin zu einer Stelle in Deutschland verholfen. Ich habe in der Universität in Frankfurt geputzt. Da habe ich Andrej, meinen späteren Mann, kennengelernt. Er war Leiter der Logistikabteilung.

Er hat mir einen Pass besorgt. Er hat es mir ermöglicht, das Abitur nachzuholen. Das Lernen hat mir so viel Spaß gemacht, dass ich anschließend Gartenbau studiert habe.

Seit mehr als fünfundzwanzig Jahren unterrichte ich an einer Hochschule und Forschungsanstalt am Rhein. Übernächstes Jahr höre ich auf, dann gehe ich in Pension.

Andrej war in Split geboren und hat sich damals freiwillig zum Kriegsdienst gemeldet. Zwei Wochen nach seiner Ankunft in seiner ehemaligen Heimat ist er gefallen. Das ist jetzt schon zwanzig Jahre her.“

Der Notar hatte sich wieder gefasst. „Unglaublich … ich kann es immer noch nicht fassen. Ich habe … ich habe einfach … einfach keine Worte."

„Pankratius, damit du deine Sprache wieder zurückfindest, kannst du einmal berichten, wie es dir ergangen ist? Bist du verheiratet, hast du Kinder? Ich habe gedacht, dass du Arzt werden würdest?"

Und Pankratius erzählte von seiner relativ schnell gescheiterten Ehe, aus der keine Kinder hervorgegangen waren, von seinem Studium, von seinem politischen und sozialen Engagement.

„Pankratius, ich muss dir noch ein Geständnis machen." Sie zeigte auf ihren Begleiter.

„Andrej ist Journalist. Er war bei der Beerdigung, du kannst dir vorstellen, weshalb. Wir kennen uns erst seit gestern, und ich habe ihn gebeten, mich heute zu begleiten. Ich möchte, dass er veröffentlicht, was hier passiert. Ich glaube, Andrej wäre damit einverstanden, dass wir seine Geschichte erst durchlesen, bevor sie gedruckt wird."

Sie schaute ihn fragend an.

„Ja, das können wir selbstverständlich so machen", antwortete er.

„Gut, Pankratius, gehen wir in medias res. Wie viel Geld habe ich geerbt?"

Der Notar schaute die beiden unentschlossen an. Er runzelte die Stirn „Aber … Nada. Der soll das auch …?"

„Ja, Pankratius, offene Karten, bitte."

„Nun, du hast viel Geld geerbt, sehr viel. Wenn die Freigabe für das letzte Konto eintrifft, sind es über fünf Millionen Euro. Dann gibt es noch die Yacht, die Villa, die Autos. Da kommt noch einiges zusammen."

„Gut, Pankratius. Kannst du heute noch einen Vertrag aufsetzen, der beinhaltet, dass alle Gelder von den

Konten und vom Verkauf der Wertsachen, die mir zustehen, unverzüglich weitergeleitet werden?“

„Ja, natürlich kann ich das; wohin sollen die Gelder gehen?“

An eine Organisation, die sich mit der Rehabilitation von Drogenabhängigen beschäftigt. Ich geb dir die Anschrift.“

„Nada, weißt du genau, was du tust?“

„Oh ja, mein Freund, das weiß ich ganz genau. Das Geld meines Mannes wurde mit Drogen verdient, also haben die Süchtigen alle Rechte der Welt darauf, aus dem Erlös dieser Geschäfte, die Hilfe zu bekommen, die sie benötigen.“

Wieder schaute der Notar Nada an. „Einverstanden, ich setze einen Vertrag auf. Kannst du in zwei Stunden noch einmal vorbeikommen, dann sollte alles fertig sein. Übrigens, Nada, ich werde in diesem Falle keine Gebühren erheben.“

„Das ist sehr sympathisch von dir, Pankratius. Wir gehen jetzt einen Kaffee trinken und sehen dich nachher.“

Auf dem Weg zu der Kneipe fragte Nada Andrej, wie lange er für seinen Artikel brauchen würde. Er überlegte kurz, es war Freitag, am Wochenende hatte er frei. „Ich könnte morgen die Mittagsmaschine nach Hause nehmen, dann hätte ich noch genug Zeit, ihn vorher zu schreiben und von Ihnen absegnen zu lassen.“

„Gut, Andrej, ich lade Sie heute Abend zum Essen ein, vielleicht sollten wir Pankratius fragen, ob er mitkommt.“

Der Notar, der sehr belesen und viel gereist war, hatte viele lustige Geschichten auf Lager. Und Nada erzählte von Deutschland, von ihrem Mann, ihrem Beruf und von der kleinen Stadt Geisenheim am Rhein. Es war erstaunlich, was die beiden, die nur eine Vergangenheit von knapp einer halben Stunde verband, sich alles zu sagen hatten.

Noch in der Nacht schrieb Andrej seinen Artikel. Er hatte ihn als Drei-Spalter angelegt. Mit wenigen kleinen Korrekturen wurde er am nächsten Morgen von Nada abgenommen. Obwohl sie für ihr Alter noch sehr gut aussah, weigerte sie sich, ein Foto von sich zur Verfügung zu stellen. „Nein, Andrej, ich will kein Bild von mir in der Zeitung. Ich bin nicht stolz auf meine Entscheidung, denn ich schäme mich zu sehr dafür, wie mein ehemaliger Mann sein Geld verdient hat.“

Am Nachmittag flog Andrej zurück nach Zagreb. Er sah die beiden nicht wieder. Etwa zwei Jahre danach erhielt er Post aus Deutschland. Es war eine Einladung aus Geisenheim. Eine Einladung zur Hochzeit.

Vergessen ...

Beim Bäcker fiel es Johann zum ersten Mal so richtig auf. Was hatte Sigrid gesagt? Ein Vollkornbrot, vier Brötchen und zwei Stück Streuselkuchen? Oder vier Stück Kuchen und sechs Brötchen? Beim Brot war er sich sicher, bei dem Rest nicht. Verdammt, er wusste es vor einer halben Stunde noch genau. Jetzt war er an der Reihe.

„Guten Morgen, Herr März. Womit kann ich Sie heute beglücken?"

Johann mochte die dicke Bäckersfrau. Sie hatte häufig einen kecken Spruch auf den Lippen und war immer gut gelaunt. „Ja, Frau …eh … ich … eh … ich hätte gerne ein Vollkornbrot, vier Stück Streuselkuchen und sechs von den Brötchen." Er zeigte auf die Mohnbrötchen. „Sehr gerne, Herr März. Soll ich Ihnen eine Tragetasche geben oder haben Sie etwas dabei?" Johann entschied sich für die Bäckereitüte. Ihm fiel ein, dass er den Stoffbeutel vergessen hatte.

Sicher, wenn er ehrlich war, war es nicht das erste Mal, dass er etwas vergaß. Seines Erachtens war das eine ganz normale Vergesslichkeit, die jeden Menschen von Zeit zu Zeit befällt.

Sigrid suchte zum Beispiel immer nach ihrer Brille und ihren Schlüsseln. Allerdings musste er zugeben, dass er häufiger etwas suchte als seine Frau. Es fiel ihm heute besonders auf, weil er vorhin ganz bewusst trainiert hatte. Er hatte es sogar leise wiederholt, während er seine Jacke anzog. Johann ärgerte sich. Ob es am Alter liegt? Kann ich mir nicht vorstellen, 80 ist doch kein Alter.

Gedankenversunken lief er zurück nach Hause. Sigrid nahm ihm die Tüte ab, während er seine Jacke aufhängte.

„Hatten die beim Bäcker nicht mehr Streuselkuchen?", hörte er Sigrids Stimme aus der Küche.

„Eh …was .. noch mehr? Nein, ich glaube nicht … wieso?"

„Na ja, wenn die Gerlachs heute Mittag zum Kaffee kommen, sollten wir schon genug Kuchen haben. Ich habe zwar die kleine Obsttorte noch gemacht, aber ich weiß, dass die beiden zuschlagen können. Insbesondere wenn sie eingeladen sind." „Das tut mir leid, das habe ich wohl falsch verstanden", sagte Johann.

„Halb so schlimm, mein Liebster, mir ist gerade eingefallen, dass ich die Bücher noch in die Bibliothek zurückbringen muss. Ich hole bei der Gelegenheit noch ein paar Stückchen", erwiderte Sigrid.

Johann murmelte etwas und ging in sein Arbeitszimmer. Er ärgerte sich schon wieder. Er hatte nicht nur Brötchen und Kuchen durcheinandergebracht, sondern glatt vergessen, dass sie heute Nachmittag Besuch bekommen würden.

Da Johann nicht wahrhaben wollte, dass er kleine Besorgungen nicht im Kopf behalten konnte, machte er sich seit dem Tag des Bäckereibesuchs heimlich Zettel, wenn er etwas erledigen sollte. Das funktionierte eine Weile ganz gut. Manchmal vergaß er die Zettel in seinen Taschen. Sie wurden von Sigrid gefunden, wenn sie die Hemden waschen musste oder eine Hose zur Reinigung brachte. Seine Frau entsorgte die Gedächtnisstützen und verlor nie ein Wort darüber.

Ein halbes Jahr später verursachte Johann einen kleinen Unfall. Nach dem Besuch in einem Elektrogeschäft wendete er mit dem Auto in einer Einbahnstraße und stieß mit einem Bus zusammen. Außer einem Blechschaden war nichts passiert. Aber Johann war geschockt. Er kannte die Parkstraße genau. Immerhin hatte er dort seinen Laden gehabt und wusste, dass der Weg seit Jahrzehnten Einbahnstraße war. Zu Hause erzählte er nur, dass er den Bus gestreift und Schuld hätte, denn er schämte sich, dass ihm ein solcher Fehler unterlaufen war. Sigrid beruhigte ihn: „Ist doch halb so schlimm, kann doch jedem passieren. Hauptsache, dir ist nichts passiert. Du brauchst dir keine Vorwürfe zu machen, du bist jahrzehntelang unfallfrei gefahren."

Etwa ein Jahr später gab Johann seiner Frau gegenüber indirekt zu, dass er ein wenig vergesslich wurde. Er würde sich künftig Notizen machen, damit ihm nichts mehr „durch die Lappen" ginge. Sigrid lobte seine Absicht. „Eine gute Idee mein Lieber, ich mache das schon lange, damit ich nur nichts vergesse."

Ein paar Monate ging es gut. Bis Johann eines Tages in der Apotheke stand und seinen Zettel nicht finden konnte. Er überlegte eine Weile, kaufte eine Rolle Pfefferminz und lief nach Hause. Sigrid kam ihm mit dem Zettel in der Hand schon an der Tür entgegen. „Hab ich vergessen, dir zu geben, Johann. Tut mir leid. Willst du noch mal runter gehen, oder wollen wir den Wagen nehmen?"

Johann, der trotz seiner 83 Jahre immer noch recht fit war, entschloss sich wieder zu laufen. „Ich gehe noch mal runter, aber erst trinken wir eine Tasse

Kaffee!“

Nur wenige Monate später ging er wieder durch die Parkstraße. Vor seinem ehemaligen Laden blieb er stehen. Er schaute sich das Schaufenster an und schüttelte den Kopf. Nein, so geht's wirklich nicht.

Er drückte die Tür auf und betrat den Laden. Ein junges Mädchen bediente gerade eine ältere Dame, die eine Krawatte für ihren Mann suchte.

Johann hörte zu. Ja, die Verkäuferin machte das gut. Sehr gut, da konnte man nichts sagen. Er kannte sie nicht, sie war wohl neu. Er schaute sich die Vitrinen im Laden an.

Die waren besser dekoriert als das Schaufenster, stellte er fest.

Er streckte sich ein wenig, strich mit dem Zeigefinger über die obere Kante des Schaukastens und sah sich prüfend seinen Finger an. Pfui Teufel, da oben hatte man offensichtlich seit Monaten nicht mehr abgestaubt. Nachdem die Frau mit zwei Krawatten den Laden verlassen hatte, kam die Verkäuferin auf ihn zu.

„Guten Morgen, kann ich Ihnen behilflich sein?“

„Wer ist hier für die Sauberkeit zuständig?“

Sie schaute ihn ein wenig indigniert an. „Wie meinen Sie das?“

„Genau, wie ich es sage. Ist Ihr Chef da?“

Verdutzt lief sie nach hinten und kam kurz darauf mit einer elegant gekleideten Dame mittleren Alters wieder.

„Guten Tag, womit kann ich … ach, Sie sind es, Herr März. Ja, das ist aber lange her. Wie geht es Ihnen?“ Als Antwort hielt er ihr den staubigen Finger vor die Nase. „Das geht nun wirklich nicht, Frau….eh, Frau….“

„Winkler heiß ich jetzt, Sie kennen mich noch als

Florentine. Ich hab meine Lehre bei Ihnen gemacht."

Erwartungsvoll schaute sie den alten Mann an.

„Ja, ja, ich erinnere mich jetzt ….Florentine … Sie waren damals bei uns. Das Mädchen mit dem schönen, ausgefallenen Namen. Hatten Sie nicht rote Haare?"

„Stimmt genau, haben Sie ein gutes Gedächtnis."

„Na, ja wie man's nimmt", sagte Johann.

„Ist schön, Sie mal wiederzusehen, Herr März. Ich wäre nach der Lehre gerne bei Ihnen geblieben. Sie erinnern sich vielleicht, wir sind damals nach Hamburg gegangen. Seit dem Herbst sind wir zurück. Gerd, mein Mann, leitet jetzt die Niederlassung in Frankfurt. Nachdem meine Tochter aus dem Haus war, wollte ich wieder etwas tun und habe mich als Filialleiterin beworben. Ich glaube, man hat mir die Stelle gegeben, weil ich hier gelernt habe. Jetzt erzählen Sie mal, Herr März, was machen Sie so? Wie geht es Ihrer Frau?

Gefällt Ihnen das Rentnerleben? Sind Sie zufrieden, dass Sie das Geschäft verkauft haben?"

Johann wischte seinen Staubfinger unauffällig an seiner Hose ab. Mensch, das ist richtig, was die Frau sagt. Vom Erlös hatten sie sich doch das Häuschen gekauft. Johann fühlte sich plötzlich sehr müde. „Ja, Florentine, das stimmt. Wissen Sie, ich wollte nur mal reinschauen und sehen wie … nun ja… ob alles in Ordnung ist."

„Ist doch klar, Herr März. Sie sind immer willkommen."

Beim Abendessen erwähnte Johann, dass er Florentine wiedergesehen hatte. Es gab überhaupt keine Probleme, sich den Namen des Mädchens zu merken. „Was?", sagte seine Frau. „Florentine, das ist aber schön. Sie hat mir am besten gefallen von allen Lehrlingen. Ist sie nach der Lehre nicht nach Norddeutschland gegangen?"

„Ja, ja, sie ist wieder zurück, sie arbeitet im Geschäft.“

„Das freut mich, ich konnte sie gut leiden. Wie alt mag sie jetzt sein? Ich werde sie nächste Woche einmal besuchen, ich bin neugierig, was aus ihr geworden ist. Hat sie Kinder? Habt ihr euch länger unterhalten?“

„Nein, sie musste wieder bedienen, da bin ich gegangen.“

„Ach, du warst im Geschäft?“

Johann überlegte einen Moment „Ja, ich war kurz drinnen. Wollte mal schauen …“

Sigrid schaute ihn ein wenig von der Seite an. Merkwürdig, Johann hatte doch immer gesagt, dass das Thema „Geschäft“ nach dem Verkauf endgültig für ihn abgeschlossen sei. Obwohl sie einige Male angeregt hatte, da einmal einen Pullover oder ein Hemd zu kaufen, war Johann zum Einkaufen lieber in die Stadt gefahren.

Wenig später machte Johann seinen täglichen Spaziergang und nahm ein Schreiben für den Briefkasten mit. Obwohl seine Frau ihm gesagt hatte, dass der Briefkasten bei der Kirche entfernt worden sei und Johann den Brief in den Kasten bei der Apotheke einwerfen solle, stand er mit seinem Brief in der Hand just vor dieser Stelle, wo die deutsche Post einst ihrer Kundenfreundlichkeit noch gefrönt hatte. Eine junge Frau, die mit einem Kinderwagen vorbeikam, bemerkte, dass der alte Herr ein wenig unsicher wirkte.

„Guten Tag, Sie suchen bestimmt den Briefkasten, der hier war?“

Johann nickte.

„Den haben sie im letzten Monat abgebaut, den nächsten finden Sie bei der Apotheke oder der in der Bahnhofstraße.

Sie zeigte Richtung Norden: „Ist nicht weit von hier."

Johann bedankte sich und ging seines Weges. Da er an dem Tag nicht sehr konzentriert war, verpasste er die Apotheke und den Briefkasten. Nach einer guten Viertelstunde hatte er immer noch keinen Kasten entdeckt.

Er erkundigte sich bei einem Passanten und wurde weiter in Richtung Ortsausgang geschickt. Auch diesen Kasten verpasste Johann. Plötzlich erreichte er das offene Feld und erblickte die Silhouette der Großstadt. Da es angefangen hatte zu nieseln und Johann müde war, stellte er sich unter das Garagendach eines Einfamilienhauses. Nach wenigen Minuten öffnete sich die Vordertür des Hauses und eine ältere Dame kam langsam näher. Sie schaute ihn einige Sekunden unentschieden an und kam zur Schlussfolgerung, dass der alte Herr harmlos war.

„Komisches Wetter heute, was? Einen kurzen Moment scheint die Sonne, und dann regnet es wieder. Sagen Sie mal, ich kenne Sie doch. Sind Sie nicht der Herr, der früher den Herrenmodenladen in der Parkstraße hatte?"

„Ja, das bin ich. Ich kann mich leider nicht an Sie erinnern. Wissen Sie, mein Gedächtnis ist nicht mehr das allerbeste."

„Kommen Sie doch einen Moment rein, bis der Regen aufgehört hat. Ich habe gerade einen Kaffee gekocht. Wohnen Sie in der Nähe? Ich habe Sie hier noch nie gesehen."

„Nein, ich wohne in der …eh … da oben auf dem Berg." Johann zeigte in die Richtung.

„Dann sind Sie aber weit weg von zuhause. Was hat Sie hierher verschlagen?" „Ich wollte nur zur Post … ich meine zum Briefkasten."

Es fing jetzt richtig an zu regnen.

„Ich würde Sie nach Hause fahren, aber mein Mann hat das Auto."

„Meine Frau hat auch ein Auto", erwiderte Johann.

„Prima, dann rufen wir sie jetzt an. Wie ist Ihre Telefonnummer?"

Das ist … ist … die … ach, ich rufe mich so selten an. Haben Sie ein Telefonbuch?"

„Na klar, dann schauen wir mal nach."

Noch bevor Johann seine Tasse leer getrunken hatte, klingelte es an der Haustür und Sigrid gesellte sich zu den beiden. Nachdem die Damen sich vorgestellt hatten, wandte Sigrid sich an ihren Mann und strich ihm über sein schütteres Haar. „Du hast dir aber Zeit genommen, mein Lieber. Ich musste schon an den Witz denken von dem Ehemann, der kurz Zigaretten holen geht und nie wiederkommt. Wenn es allerdings eine solch charmante Dame ist, die dich aufgehalten hat, habe ich Verständnis."

Sie fuhren nach Hause. Johann, der schon lange Techniken entwickelt hatte, um sein Problem zu verheimlichen, notierte jetzt seine eigene Adresse und Telefonnummer auf einen Zettel, der zu den anderen Zetteln in seiner Brieftasche kam.

Im Herbst brauchte Johann eine Säge. Die alte Birke unten im Garten war abgestorben, und die Handsäge war ihm zu aufwendig. Johann fuhr zum nächsten Baumarkt und lieh sich eine Kettensäge aus. Er ließ sich genau erklären, wie sie funktionierte und fuhr nach Hause. Trotz etlicher Versuche bekam er das Gerät nicht zum Laufen. Mit einem halblahmen Arm stand er eine Stunde später wieder vor dem Verkäufer.

„Das Ding geht nicht. Sie haben mir wohl ein defektes Gerät mitgegeben. Werden die Geräte eigentlich von Ihnen geprüft, wenn sie zurückgegeben werden?“

Der Verkäufer bestätigte Johanns Frage, drehte an einem Schalter, drückte einen Hebel nach oben und zog an dem Seil. Die Säge sprang auf Anhieb an. „Geht doch!“

Johann traute seinen Augen nicht. Ob er etwas falsch gemacht hatte …?

Er ließ sich das Gerät noch einmal genau erklären. Es war eigentlich einfach. Schalter drehen, Hebel drücken und das Seil ziehen. Er lud es wieder in den Kofferraum und fuhr nach Hause. Nicht einmal eine Dreiviertelstunde später stand er wieder im Geschäft. Die Säge in der Hand.

„Es geht immer noch nicht. Kann es etwas mit der Höhe zu tun haben? Wir wohnen etwa 500 Meter hoch. Da ist die Luft natürlich dünner … ich verstehe es einfach nicht.“

Der Verkäufer zuckte die Achseln und wiederholte die Prozedur. Die Säge lief wie geschmiert. Er wollte sie schon ausmachen, als Johann ihn am Arm zog.

„Lassen Sie die Säge mal an. Ich hole schnell das Auto.“

Zufrieden lud Johann das laufende Gerät in den Kofferraum und fuhr nach Hause. Der Polizist, der bei der ausgefallenen Ampel in der Hauptstraße den Verkehr regelte, versprach sich feierlich, beim nächsten Stammtisch weniger zu trinken. Er hätte nämlich schwören können, dass gerade ein Mercedes mit einem Zweitaktmotor an ihm vorbeigefahren war.

Im Frühjahr musste Sigrid ins Krankenhaus. Obwohl es nur eine kleinere Operation war, sollte sie drei Tage bleiben. Sie bereitete alles penibel vor. Das Essen war vorgekocht, eine Liste mit den wichtigsten

Telefonnummern lag auf dem Tisch. Der Nachbar wusste Bescheid und hatte Johann Hilfe für den Fall eines Falles angeboten. Sigrid hatte das Taxi für halb vier bestellt. Johann wollte unbedingt mitfahren, weil er sehen wollte, ob seine Frau auch gut untergebracht war. Nachdem Sigrid sich nochmals vergewissert hatte, dass der Zettel mit der Busverbindung zurück nach Hause auch in Johanns Jacke steckte, fuhren sie los.

Johann war mit dem Zimmer seiner Frau zufrieden und verabschiedete sich nach einer Weile. Beim Betreten des Krankenhauses hatte er eine Cafeteria gesehen. Bevor er nach Hause zurückfuhr, entschied er spontan, dort in Ruhe noch eine Tasse Kaffee zu trinken. Er setzte sich an den Tisch eines Patienten, mit dem er bald ins Gespräch kam. Der Mann hatte, ähnlich wie er selbst, auch einmal eine Gürtelrose gehabt. Während sie bei Johann vollkommen ausgeheilt war, hatte der Mann immer noch kleinere Probleme. Er meinte, dass sein Arzt sich wohl nicht so sehr auskennen würde, denn er bekam schon seit Monaten nur Akkupunktur und das hatte ihm bisher noch nichts gebracht. Merkwürdigerweise erinnerte sich Johann sofort an den Namen seines Arztes. „Wissen Sie, der Arzt, der mich damals behandelt hat, Dr. Sieberhagen, ist eine Koryphäe auf dem Gebiet. Die Sache hat nicht mal drei Monate gedauert, und ich war wieder topfit. Ich schreibe Ihnen den Namen auf."

Er kramte in seiner Tasche, zog einen Zettel heraus und notierte den Namen des Arztes.

„Das ist sehr nett von Ihnen. Wo wohnt dieser Arzt?"

Johann kratzte sich am Ohr. „Das fällt mir momentan nicht ein. Es ist schon lange her. Im Internet werden Sie ihn schnell finden. Der Name ist ja selten."

Nachdem die Herren sich verabschiedet hatten, verließ Johann das Krankenhaus. Der Taxifahrer hatte ihm die Bushaltestelle bei der Hinfahrt gezeigt, und er lief schnurstracks hin. Beim Betrachten des Fahrplans bemerkte er, dass vier verschiedene Autobuslinien an der Stelle hielten. Johann griff in seine Jackentasche. Kein Zettel! Er schaute in seinen Hosen nach. Nichts! Da fiel es ihm ein.

Er musste ihn dem Mann gegeben haben, der jetzt nicht nur Dr. Sieberhagens Namen, sondern auch seine Businformationen hatte.

Schnell lief er zurück ins Krankenhauscafé. Der Mann saß nicht mehr da. Er schaute in sein Portemonnaie, den Zettel mit seinen persönlichen Daten hatte er auch nicht dabei.

Ein wenig konfus lief Johann wieder zur Bushaltestelle und studierte den Fahrplan. Einige Straßen kamen ihm zwar bekannt vor, er war sich allerdings sicher, dass sie nicht in der Nähe seiner Wohnung waren. Nachdem schon zwei Busse gehalten und wieder weitergefahren waren, reichte es Johann. Ich nehme jetzt den nächsten Bus, dachte er. Wenn es der falsche ist, fahre ich zurück und probiere einen anderen aus.

Johann bestieg Bus 112A und zahlte. Es fiel ihm auf, dass die Fahrt relativ teuer war. Immerhin war er seit vielen Jahren nicht mehr mit dem Bus gefahren und da könnten sich die Preise schon geändert haben. Erst nach einer knappen halben Stunde hielt der Bus zum ersten Mal. Fast die Hälfte der Fahrgäste stieg aus. Johann sah sich um. Nein, hier kannte er sich definitiv nicht aus.

Nach einer weiteren halben Stunde hielt der Bus vor einem Gasthof in der Einkaufsstraße einer Kleinstadt. Die restlichen Passagiere verließen den Bus. Nachdem

Johann vom Fahrer bestätigt bekam, dass hier Endstation sei, und der nächste Bus zurück in die Stadt in einer halben Stunde fuhr, stieg auch er aus und wartete auf den 112A.

Es war schon dunkel geworden, als Johann wieder beim Krankenhaus landete. Fast zögernd lief er auf den Empfang zu. Er räusperte sich: „Entschuldigen Sie, ich möchte zu meiner Frau. Ihr Name … Ihr Name…. ist Sigrid. Sie ist heute Nachmittag hier aufgenommen worden."

Der Mann schaute ihn an und lächelte: „Sind Sie vielleicht Herr März? Ihre Frau sucht Sie schon seit Stunden."

„Ist das wahr? Auf welchem Zimmer finde ich sie?"

„Sie liegt auf Zimmer 112, Herr März. Vorne nach links und die Treppe rauf." Die Nummer kam Johann bekannt vor. So schlecht ist mein Gedächtnis doch nicht. Sigrid setzte sich im Bett auf und stieß einen Freudenschrei aus.

„Da bist du ja. Komm her mein Schatz, lass mich dich drücken. Wo warst du bloß? Du wolltest doch anrufen, wenn du wieder zu Hause bist. Ich habe mir die Finger wundgewählt, ich dachte, es wäre etwas passiert. Warum bist du wieder hier?"

„Na ja, ich .. ich war mit dem Bus unterwegs und habe mir die Umgebung ein wenig angesehen."

Sigrid schaute ihn kritisch von der Seite an. „Na schön", sagte sie souverän. „Hauptsache, dir geht's gut!"

Nach einer Viertelstunde machte sich Johann wieder auf den Weg.

„Übrigens Siggi, welcher Bus war das doch noch mal nach Hause?"

„Die Linie 3. Jetzt ist es aber schon zu spät, Johann.

Nimm doch ein Taxi.“

„Kannst du eins für mich bestellen, ich geh in der Zwischenzeit mal für kleine Königstiger.“ Auf dem stillen Örtchen notierte sich Johann als Erstes die Nummer der Buslinie.

Er machte die Tür einen Spalt auf und hörte, wie Sigrid mit dem Taxiunternehmen telefonierte.

„Ja, das Marienkrankenhaus. Zehn Minuten, gut. Mein Mann wartet beim Empfang. Wohin? In die Wilhelmstrasse, die Nummer 3.“

Als seine Frau die Adresse nannte, fiel es ihm wieder ein. Wie konnte man seine eigene Anschrift bloß vergessen.

Am nächsten Morgen legte Johann alle wichtigen Zettel vor sich auf den Küchentisch und überprüfte sie. Ja, das müsste reichen. Er fuhr heute mit dem Bus ins Krankenhaus. Am Empfang musste er zwar nochmals nach der Zimmernummer seiner Frau fragen, sonst jedoch klappte alles wie am Schnürchen.

Auch am nächsten Tag ging alles glatt und am Tag darauf holte er Sigrid ab. Alles war nach Wunsch verlaufen und beide freuten sich, wieder zu Hause zu sein.

Als Erstes schaute Sigrid im Kühlschrank nach. Alles stand noch so da, wie sie es vorbereitet hatte.

„Johann, hattest du keinen Hunger? Hast du überhaupt etwas gegessen, während ich im Krankenhaus war?“

„ Ich glaube schon“, antwortete er, ein bisschen traurig, Verwunderung in der Stimme. „Viel Appetit hatte ich nicht … so allein zu Hause … ohne dich … du hast mir gefehlt, denn …eh …“ Er vollendete den Satz nicht.

„Verstehe ich, mein lieber Johann. Ich hätte auch nicht viel essen können, wenn du im Krankenhaus gewesen wärst."

Unauffällig warf sie das vorbereitete Essen in den Mülleimer und fing an Kartoffeln zu schälen.

Johanns Vergesslichkeit steigerte sich in den nächsten Jahren. Obwohl es ihm bewusst war, reagierte er nie aggressiv. Sigrid und Johann machten Gedächtnisspiele. Seine ehemaligen Skatbrüder hatten zwar schon vor Jahren einen neuen dritten Mann gefunden, kamen aber trotzdem nach wie vor zu seinen Geburtstagen, wo Johann ihnen besonders gerne Fotoalben von früher zeigte.

Auch die Treffen mit den ehemaligen Klassenkameraden versäumte er nie. Er konnte sogar mit Geschichten aufwarten, die andere schon längst vergessen hatten.

Der Arzt, den er schon vor einigen Jahren konsultiert hatte, bezeichnete seine extreme Vergesslichkeit ganz höflich mit einem neurologischen Krankheitsbild, das durch den Verlust von kognitiven Fähigkeiten bestimmt wird. Auf Johanns Frage an den Arzt, ob er dement werde, ob es Alzheimer sei, antwortete der nur: „Nein, Herr März, Alzheimer ist es gewiss nicht. Es handelt sich um eine Hirnleistungsstörung. Ich verschreibe Ihnen ein Medikament, das den Prozess hoffentlich etwas hinauszögern wird. Außerdem empfahl er den Eheleuten entsprechende Lektüre, damit sie besser mit der Krankheit umgehen konnten.

Johann reagierte damals sehr pragmatisch und sagte: „Ich bin immer für neue Sachen. Also werde ich diesen neuen Abschnitt meines Lebens als eine Art Abenteuer betrachten."

Er las nach wie vor die Zeitung und diskutierte manche Tagesthemen mit Sigrid. Sie war die Geduld in

Person. Auch wenn ihm manche Begriffe und Worte nicht einfielen und er nach kurzer Zeit nicht mehr wusste, worüber sie gesprochen hatten, hielt er das Lesen bis ins hohe Alter durch. Obwohl es Johann bewusst war, dass sein Gedächtnis sich immer mehr verschlechterte, machte er bei seinen Freunden sogar Witze darüber.

Nachdem er sich bei einem Spaziergang im Wald wieder verlaufen hatte und im nächsten Ort nicht mehr weiterwusste, wurde er von der Polizei nach Hause gebracht. Seit dieser Zeit trug er eine Art Hundemarke mit seiner Anschrift am Hals. Obwohl er sich seltener mit Sigrid unterhalten konnte, hatten sie doch ihre Zeiten, wo sie lebhaft über aktuelle Ereignisse sprachen.

Johann, dem immer mehr entfiel, hat einen Namen nie vergessen, den seiner Frau!

Im neunzigsten Lebensjahr starb Johann. Die Tageszeitung, die er gerade gelesen hatte, lag auf seinem Schoß. Seine Augen waren geschlossen. Sein Gesichtsausdruck war friedlich. Der Anflug eines Lächelns lag auf seinen Lippen.

Sigrid, die vom Einkaufen kam, schaute ihn an und wusste es. Sie nahm seine Hand und streichelte sie. Dann drückte sie einen Kuss auf seine Stirn und sagte:

„Ich danke dir, lieber Johann. Ein schöneres Leben als das mit dir hätte ich mir nicht wünschen können."

Die versammelte Trauergesellschaft wartete in der kleinen Kapelle. Der Pfarrer schaute nervös zur Tür. Es tat sich nichts. Er bat um Verständnis und verschwand. Die Anwesenden geduldeten sich weiter. Nach etwa zehn Minuten bekam eine ältere Dame einen Hustenanfall. Sie erhob sich und verließ den Raum zusammen mit einem jüngeren Mann. Ein zweites Paar stand auf und verschwand leise. Eine junge Frau, die den beiden folgen wollte, setzte sich abrupt wieder hin, da der Prediger erneut erschien. Er bat Frau März kurz nach vorne und sprach gestikulierend auf sie ein. Die 85-jährige schüttelte energisch den Kopf und trat ans Pult.

„Liebe Freunde, der Pfarrer hat gerade einen Anruf vom Beerdigungsinstitut erhalten. Es ist etwas Außergewöhnliches passiert. Man hat dem Fahrer versehentlich einen leeren Sarg mitgegeben. Es wird ungefähr eine halbe Stunde dauern, bis mein lieber Mann hergebracht wird."

Sie stockte einen Augenblick und lächelte ein wenig scheu: „ Eigentlich passt es gut zu Johann. Er hat seine eigene Beerdigung vergessen."

Angelos Traumwohnung

Angelo Battista hatte lange überlegt, ob er es wagen sollte. Er war ja immerhin bald achtzig. Was hatte seine Tochter gesagt? Was willst du bloß in der Provinz? Sie konnte sich als geborene Neapolitanerin einfach nicht vorstellen, dass ihr Vater aufs Land zog.

Angelos Entscheidung war getroffen. Er hatte in den letzten zwei Jahren alle Annoncen über Wohnungsangebote in Maiori gelesen. Er hatte sich fünf, sechs Wohnungen in dem kleinen Küstenort an der Amalfi-Küste angesehen. Obwohl sie alle Meeresblick aufweisen konnten, gefiel ihm keine. Entweder waren sie zu laut oder das soziale Umfeld ließ zu wünschen übrig.

Über einen Makler war er schließlich fündig geworden. Es war eine schöne Wohnung. Ein geräumiges Wohnzimmer, ein Schlaf- und Arbeitszimmer, ein Gästezimmer, eine kleine moderne Küche und ein Bad. Vorne der unverbaubare Meeresblick und hinter dem Haus die Weinberge. Ja, hier wollte er seine letzten Lebensjahre verbringen. Hier würde er sich wohlfühlen.

Es hatte sich in Maiori nicht allzu viel geändert seit seiner Kindheit. Es wurden zwar im Laufe der Jahre einige Hotels und Appartements für die reichen Städter gebaut, aber im Großen und Ganzen war das Städtchen am Meer urban und überschaubar geblieben. Die Besitzerin der Wohnung, eine Witwe, wollte in ein Heim ziehen. Sie hatte die Wohnung zum Verkauf angeboten, da ihre Tochter, die mit ihrem Mann in Milano wohnte, nicht nach Süd-Italien ziehen wollte. Im letzten Monat hatte Angelo den Vorvertrag gemacht, und heute fuhr er mit dem Bus nach Maiori, um die Sache zu besiegeln.

Es war ihm nicht leicht gefallen, die Provision beim Makler herunterzuhandeln, denn er hatte in Bezug auf Geld eine ausgesprochen unorthodoxe Eigenschaft für einen Süd-Italiener. Angelo war unbestechlich! Er war nach dem Abitur und Wehrdienst mit Anfang zwanzig nach Neapel gekommen und hatte als Beamter fast vierzig Jahre für die Stadt gearbeitet, die letzten zwanzig Jahre davon in leitender Funktion im Bauamt. Er wusste um die vielen Unregelmäßigkeiten in den kommunalen Niederungen. Wenn in seinem Zuständigkeitsbereich jemand erwischt wurde, flog die- oder derjenige sofort und ohne Rücksicht auf Verluste. Obwohl er bei vielen Kollegen als etwas weltfremd angesehen wurde, zollte man dem Mann Respekt, der immer offen und ehrlich war.

Einmal hatte er bei einem Prozess sogar gegen einen Camorra-Boss ausgesagt, der nicht nur einige seiner Kollegen bestochen, sondern auch bei ihm vorgesprochen hatte. Die Polizei hatte nach dem Prozess noch einige Jahre für seinen Schutz sorgen müssen. Der Tatsache, dass der Beschuldigte in dubio pro reo nicht verurteilt wurde, hatte es Angelo wahrscheinlich zu verdanken, dass er auch danach seinem Beruf weiter unbehelligt nachgehen konnte.

Langsam stieg Angelo die beiden Treppen zur Kanzlei des Notars hoch. Die Sekretärin begrüßte ihn mit Namen, bat ihn, einen Augenblick Platz zu nehmen und bot ihm ein Glas Wasser an. Der Chef würde noch telefonieren. Nach gut zehn Minuten erschien der Notar. Er kam Angelo ein wenig aufgelöst vor.

Der Jurist nahm Angelo am Arm und geleitete ihn in sein Amts- und Arbeitszimmer. „Herr Battista, ich habe leider schlechte Nachrichten. Die Verkäuferin, Frau Seria, hatte gestern einen Schlaganfall. Ich habe vorhin mit ihrer Tochter telefoniert. Sie kommt morgen hierher, denn sie möchte ihre Mutter zu Hause pflegen. Sie hat mich gebeten, den Kauf vorläufig rückgängig zu machen, bis eine Lösung gefunden ist."

„Aber … aber", stotterte Angelo, „meine Wohnung in Neapel ist doch schon verkauft, das kann ich nicht mehr rückgängig machen. Wie lange kann das dauern?"

„Das weiß ich leider nicht, Herr Battista. Frau Seria hat zuerst einmal Eigenbedarf angemeldet. Ob das eine Übergangsmaßnahme ist oder ob sie sie dauernd pflegen wird, entzieht sich meiner Kenntnis."

Angelo ließ den Kopf hängen.

„Herr Battista, Ihnen entstehen selbstverständlich keine Kosten durch die Stornierung. Frau Seria bedauert es sehr und hat sich bereit erklärt, Ihnen ein Vorkaufsrecht einzuräumen, wenn sich die Situation wieder ändern sollte. Sie bekommen das selbstverständlich schriftlich."

Nicht einmal eine halbe Stunde später saß Angelo verzweifelt auf einer Bank gegenüber der Bäckerei, in der er schon als Sechsjähriger mit seiner Mutter einkaufen war. Die Bäckerei gab es immer noch, heller und moderner als früher, das Haus an sich war unverändert. Er überlegte: Wenn ich jetzt wieder so lange suchen muss … Nein, irgendwann würde er zu alt sein! Er schaute auf den Zettel, der Bus ging erst in einer Stunde. Das reichte noch für einen kleinen Spaziergang am Wasser.

Während er nach seinem Stock tastete, kam ein älterer Herr auf ihn zu und schaute ihn eingehend an. „ Bist du nicht der Angelo? Angelo Battista?“

„Ja, bin ich.“

„Mensch Angelo, ist das schön, dass ich dich noch mal treffe. Ich bin Beppi.“

„Beppi?“

„Ja, Beppi Peroni. Ich saß links von dir in der Schule. Du hast mich immer abschreiben lassen. Erinnerst du dich?“

Langsam dämmerte es Angelo. Klar, jetzt fiel es ihm wieder ein: der dumme Beppi. Zwei Jahre waren sie in dieselbe Klasse gegangen. Beppi war dann sitzengeblieben, sogar zweimal, und sie hatten sich aus den Augen verloren. Er betrachtete ihn. „Gut siehst du aus, Beppi. Dir scheint’s nicht schlecht gegangen zu sein in den letzten … lass mich mal rechnen, … in den letzten 65 Jahren. Wie hast du mich überhaupt wiedererkannt? Ich dürfte mich seit der Schule ein wenig verändert haben.“

„Angelo, dein Bild war doch bei dem großen Prozess in allen Zeitungen. Wie lange ist das her? Zwanzig Jahre? Fünfundzwanzig? Ich hab dich bewundert, wie du gegen die Windmühlen gekämpft hast. Nun, seit der Zeit hast du dich nicht allzu sehr verändert. Ich habe dich vorhin auf dem Bänkchen sitzen sehen, du sahst ein wenig betrübt aus. Ist etwas mit der Familie …?“

Und Angelo erzählte Beppi die ganze Geschichte. Beppi hörte zu und stellte die richtigen Fragen. Angelo wunderte sich schon ein wenig, denn der ‘dumme Beppi‘ schien nach der Schule wirklich intelligenter geworden zu sein.

„Angelo, wenn du mir genau erklärst, was du suchst und was du ausgeben willst, werde ich mich erkundigen. Vielleicht kann ich dir etwas Passendes vermitteln."

Bei einem Spaziergang auf der mit Zitronenbäumchen dekorierten Promenade unterhielten sich die Männer über alte Zeiten. Beppi brachte Angelo zum Bus und versprach, sich mit ihm in Verbindung zu setzen, sobald er etwas in Erfahrung gebracht hatte.

Schon am nächsten Abend rief Beppi an:

„Angelo, ich glaub, ich hab da etwas für dich. Wann kannst du wieder herkommen?"

Sie verabredeten sich fürs Wochenende.

Beppi holte ihn an der Bushaltestelle ab. „Schön, dich wiederzusehen, Angelo. Sollen wir sofort hin oder willst du zuerst einen Kaffee trinken?"

„Gehen wir, Beppi. Ich bin viel zu neugierig." Wieder liefen die alten Männer über den Boulevard. Bei einem für maiorianische Verhältnisse relativ neuen Appartementhaus hielt Beppi an. „Hier ist es. Das Haus ist noch nicht alt. Es wurde vor knapp zwanzig Jahren gebaut."

Mit dem Aufzug fuhren sie nach oben. Beppi öffnete die Tür, und Angelo staunte nur noch. Er befand sich in einer wunderschönen, hellen Penthouse-Wohnung. Die Männer machten einen Rundgang. Vier Zimmer, eine zweckmäßige, moderne Küche, ein großes Bad. Am allerschönsten war der Balkon, der die gesamte Wohnung umschloss. Vorn konnte er das Meer und hinten die Apfelsinenplantagen und die Weinberge sehen. Angelo war begeistert. Er konnte sich gar nicht vorstellen, dass eine solche Steigerung im Vergleich zu der anderen Wohnung möglich war.

„Aber Beppi, ich sagte dir doch, was ich ausgeben kann. Diese Wohnung ist tatsächlich unglaublich schön, aber ich kann sie mir nicht leisten."

„Wieso nicht? Sie kostet nicht mehr als die Wohnung, die du ursprünglich kaufen wolltest."

„Eine solche Wohnung? Kann ich nicht glauben. Wo ist der Haken?"

„Es gibt keinen, Angelo. Die Appartements werden zum größten Teil von Städtern gemietet, die hier ihren Urlaub oder ihre Wochenenden verbringen. Für den Bauherrn war es ein Abschreibungsmodell. Mittlerweile ist das Haus seit langem abgeschrieben und kann jederzeit verkauft werden. Die Penthouse-Wohnung wurde anfänglich das ganze Jahr von einem Industriellen aus Genua gemietet. Er war sehr selten da und hat den Vertrag aufgelöst. Heute wird die Wohnung im Schnitt nur etwa vier Monate im Jahr vermietet. Das rentiert sich nicht, deshalb wird sie veräußert."

„Tja, Beppi, wenn's wirklich nicht teurer wird, brauche ich nicht lange zu überlegen. Kannst du mich mit dem Verkäufer bekannt machen?"

„Ich glaube, dass der momentan nicht in der Stadt ist. Wenn du willst, spreche ich mit ihm, wenn er wieder da ist. In der Zwischenzeit sorge ich dafür, dass die Wohnung für dich reserviert wird."

Nach einem kleinen Imbiss, zu dem Angelo seinen alten Schulkameraden - wie er ihn mittlerweise nannte - selbstverständlich einlud, fuhr Angelo glücklich und zufrieden wieder zurück nach Neapel.

In der darauffolgenden Woche erhielt er den Kaufvertrag und einen Termin bei einem ihm unbekannten Notar. Beppi holte Angelo wieder an der Bushaltestelle ab. Der Verkäufer der Wohnung war schon im Notariat eingetroffen und Beppi stellte beide Männer einander vor: „Angelo, dies ist Augusto Pani. Augusto, hier mein alter Schulfreund Angelo Battista." Herr Pani ließ nicht erkennen, ob er Angelo kannte. Er gab ihm etwas schüchtern die Hand und setzte sich schnell wieder hin. Der Notar bestätigte Angelos Zahlung und las den Kaufvertrag vor.

Eine halbe Stunde später saßen die ehemaligen Schulkameraden wieder in der Trattoria, in der sie schon vor knapp zwei Wochen gesessen hatten. Der Verkäufer der Wohnung, der etwas farblose Herr Pani, hatte sich entschuldigt mit dem knappen Hinweis, dass er zu Hause erwartet werde und war seines Weges gegangen. Angelo bedankte sich nochmals ausgiebig bei Beppi und fuhr in Hochstimmung zurück nach Neapel.

Einen Monat später zog er in seine neue Wohnung ein. Erst jetzt stellte er fest, dass sie mit allen Finessen ausgestattet war. Obwohl es in der Gegend nie sehr kalt wurde, war die Fußbodenheizung eine sehr angenehme Sache. Auch die Elektronik, die dafür sorgte, dass die Rollläden bei großer Wärme automatisch schlossen, faszinierte ihn. Am besten gefielen ihm die Müll- und Wäscheschlucker. Die Klappe auf - und alles rutschte in den Keller. So etwas hatte er noch nie gesehen. Auch der graue Teppichboden, der in der ganzen Wohnung verlegt worden war, passte gut zum Stil des Appartements.

Zur Einweihung hatte Angelo Beppi und seine Frau eingeladen. Sonst kannte er niemanden mehr in Maiori. Der einzige gute Freund, den Angelo in der Stadt gehabt hatte, war nach Süd-Amerika ausgewandert. Zu den anderen Klassenkameraden hatte er den Kontakt verloren. Seine beiden Kinder waren in Neapel zur Welt gekommen. Selbstverständlich hatte er ihnen seinen Geburtsort gezeigt. Sie nahmen zur Kenntnis, dass ihr Vater in diesem nichtssagenden, kleinen, altertümlichen Städtchen geboren war. Die Stadtkinder konnten sich nicht vorstellen, warum ihr Vater in dieses

Nest zurück wollte.

Beppi klingelte an der Haustür. Angelo erwartete ihn am Aufzug. Beppi hatte sich fein gemacht. Und dann sah er die Frau …!

Nein, dachte Angelo, das kann nicht seine Frau sein. Vielleicht seine Tochter?

„Lieber Angelo, darf ich dir mein angetrautes Eheweib vorstellen? Luisa, dies ist mein guter Freund Angelo, von dem ich dir so viel erzählt habe.“

Obwohl Angelo seine Augen immer noch nicht von der hübschen Frau lösen konnte, registrierte er nebenbei, dass er in kurzer Zeit von einem Schulkameraden zu einem guten Freund geworden war. Angelo nahm ihre Hand und deutete einen Handkuss an. Ihre Haut war makellos und faltenfrei. Sie muss bestimmt 30, nein 40 Jahre jünger sein als ihr Mann. Wie hat der dumme Beppi es bloß angestellt, eine solche Frau zu bekommen?

Als die beiden nach gut zwei Stunden wieder gingen, war Angelos Begeisterung über die Frau seines neuen Freundes etwas gedämpft. Sie war schön, aber auch ein wenig schlicht. Sie lächelte lieb, setzte sich sehr vorteilhaft hin, sprach wenig und stimmte ihrem Mann meistens zu. Nur wenn sie von ihrem gemeinsamen Sohn erzählte, taute sie ein wenig auf. Es tat ihr so leid, ihn so wenig zu sehen, seitdem er in Bologna studierte. Er würde nicht regelmäßig essen und er kam so selten nach Hause.

Die Gegeneinladung kam prompt. Beppi hatte Angelo empfohlen, ein Taxi zu nehmen. Er wohne oberhalb der Stadt in den Bergen, und ein Spaziergang dahin sei zu mühselig.

Das Auto hielt genau vor dem Haus, das Angelo vom Bus aus immer schon bewundert hatte. Es lag am

Hang, ganz weiß, wie eine Miniaturausgabe des Weißen Hauses. Hier sollte Beppi wohnen? Noch bevor er den Fahrer bezahlt hatte, ging die Tür auf und Beppi kam strahlend auf ihn zu. „Schön, dass du da bist, Angelo. Komm rein, gib mir deine Jacke.“ Seine Frau tauchte mit angeknipstem Lächeln neben ihrem Mann auf und gab ihm artig die Hand. „Wir freuen uns sehr! Bitte, kommen Sie herein.“

Angelo ging ins Haus und staunte nicht schlecht. Seine eigene Wohnung war schön und geräumig. Verglichen mit diesem Haus aber war sie mickrig. Dies war ein richtiger Palast. Stolz führte Beppi ihn durch die Räume. Obwohl ihm die Einrichtung nicht sonderlich gefiel, musste Angelo zugeben, dass das Haus fantastisch war. „Beppi, ich glaube es nicht. Ein herrliches Haus. Hast du es gebaut?“

„Nein, es gehörte einem amerikanischen Geschäftsmann. Er hat in der Nähe von Rom neu gebaut. Ich konnte so sein Haus hier als Bürgermeister relativ preiswert von ihm kaufen.“

„Was, du warst Bürgermeister? Hier in Maiori? Das gibt's doch nicht!“

„Wieso nicht?“, klang Beppis Stimme ein wenig pikiert.

Angelo wischte ein paar Schweißperlen ab. „Na ja, ich meine nur… Ich wusste nicht, dass du in der Politik tätig warst.“

„Doch, außerdem war ich Geschäftsmann. Mir ist es recht gut gegangen. Ich hab viel für die Stadt getan. Ich hab den neuen Boulevard finanziert, das alte Rathaus saniert und dafür gesorgt, dass die alte Fischhalle nicht abgerissen werden musste, und vieles, vieles mehr. Bei der Wahl hat man's mir gedankt. Ich wurde sogar wiedergewählt, also kann ich nicht so schlecht gewesen sein.“ Beppi zeigte ihm die riesige Terrasse, auf der seine Frau gerade dabei war, den Kaffeetisch zu decken.

„Ich gratuliere dir. Wie lange bist du eigentlich schon verheiratet?“

„Lass mich mal überlegen …, Luisa war 1980 Schönheitskönigin. Da haben wir uns kennengelernt. Das Jahr darauf haben wir geheiratet. Das sind jetzt 22 Jahre. Sie sieht immer noch gut aus, nicht wahr? Nächstes Jahr wird sie 50. Das sieht ihr doch keiner an!“

„Da hast du Recht, Beppi. Deine Frau ist wirklich sehr, sehr hübsch.“

„Warst du nicht verheiratet, Angelo?“

„Doch, ich war sehr glücklich mit meiner Frau. In Folge des Prozesses damals ist sie leider sehr krank geworden. Weißt du, es gab in der Zeit täglich Morddrohungen. Nicht nur gegen mich, auch sie und die Kinder waren betroffen. Sie hat das alles nicht verkraftet und musste in eine Klinik eingewiesen werden. Es war ein gutes Haus. Ich dachte, sie fühlte sich wohl, und ich habe sie jede Woche besucht. Bis dann eines Tages …“, Angelo hielt einen Moment inne und biss sich auf die Lippen. „Eines Tages, es gab überhaupt keine Anzeichen, da hat sie sich umgebracht. Sie war noch nicht mal 60.“

„Das ist sehr traurig und tut mir leid für dich, Angelo.“ Peppi legte ihm die Hand auf die Schulter. „Ja, dieser Prozess. Ich erinnere mich genau. Es ist aussichtslos, gegen die zu kämpfen. Sie sitzen am längeren Hebel. Du siehst, es hat dir nur Unglück gebracht.“

Verwundert schaute Angelo ihn an. Plötzlich hob er seine Stimme und ein wenig schroff und fast scharf erwiderte er: „Ja Beppi, das stimmt, es hat mir Unglück gebracht, aber ich würde heute in der Situation alles genau so wieder machen. Wir sollten uns nicht von einer Bande von Verbrechern und Erpressern unterkriegen lassen. Wenn nicht einige aufstehen und aussagen, führt das organisierte Verbrechen irgendwann zur Anarchie. Manchmal muss man Nein sagen, und wenn die Angebote noch so verlockend sind."

Beppi seufzte: „ Ist schon gut, mein Freund. Jeder hat da seine eigene Ansicht."

Angelo fühlte sich von Tag zu Tag wohler in seinem Städtchen. Meistens kaufte er in einem kleinen Supermarkt um die Ecke ein und kochte für zwei Tage. An den Wochenenden aber aß er auswärts. Er beabsichtigte, alle Restaurants auszuprobieren, die Beppi ihm empfohlen hatte. Beim letzten Lokal, das er besuchte, fiel ihm auf, dass die Kassiererin, eine ältere Dame, ihn auffällig musterte.

Kurz nachdem er seinen Espresso getrunken hatte, kam sie auf ihn zu. „Entschuldigen Sie, sind Sie nicht Angelo Battista?"

Angelo bejahte die Frage.

Ich bin Maria, Maria Toldo. Ich war eine Klasse unter dir. Du warst häufiger bei uns zu Hause. Meine Eltern hatten die Wäscherei in der Via Cassia, und du hast oft mit meinem Bruder Marco gelernt."

„Ja, ja, ich erinnere mich noch gut. Ist Marco nicht ausgewandert? Ging er nicht nach Chile?"

„Er ist nach Argentinien gegangen. Er ist schon lange tot. Er wurde 1994 in Buenos Aires durch eine Autobombe getötet. Terroristen haben ein ganzes Gebäude gesprengt. Es gab fast 100 Tote und viele Hunderte von Verletzten. Er war zur falschen Zeit am falschen Ort. Soweit ich weiß, ist der Fall nie aufgeklärt worden."

„Das tut mir sehr leid, Maria. Als Kinder haben wir uns immer gut verstanden. Erzähl doch mal von dir, was hast du gemacht?“

„Mit 19 habe ich meinen Mann kennengelernt. Damals hat er hier im Restaurant bedient. Es gehörte seinem Vater. Vor gut 40 Jahren hat er es übernommen. Seit er vor fünf Jahren gestorben ist, führe ich es mit Hilfe meines Enkels weiter.“

„Ach, dann hast du also auch Kinder?“

„Ja, wir hatten einen Sohn.“

„Hatten …?“

„Ja, auch er lebt nicht mehr.“

Angelo bemerkte den bitteren Zug um ihren Mund und fragte nicht weiter nach.

Nachdem die letzten Gäste gegangen waren, setzte Maria sich zu Angelo und goss beiden einen Limoncello ein. „Und du, Angelo, wie geht es dir? Du warst mal ein berühmter Mann. Ich habe dich für deine Haltung sehr bewundert. Bist du hier zu Besuch?“

„Nein, ich wohne seit einigen Wochen wieder hier; ich habe ein Appartement gekauft.“

„Und wo?“

Bei der Nennung seiner neuen Adresse, blies Maria die Backen auf. „Das darf nicht wahr sein, du hast eine Wohnung von Beppi gekauft? Ausgerechnet du, ein Mann der für Gerechtigkeit und Ordnung gekämpft hat? Ich glaub es einfach nicht!“

„Nein, Maria ich habe sie von einem gewissen Herrn Pani gekauft. Beppi hat sie nur vermittelt.“

Maria lachte laut auf: „ Ja, ja, der Beppi macht das gut mit seinen Strohmännern. Eine gewisse Bauernschläue kann man ihm nicht absprechen. Offiziell haben andere Leute die Wohnungen gebaut oder gekauft. Aber von seinem Geld. Man schätzt, dass ihm über 50 Häuser und Wohnungen in der Gegend gehören.“

„Das wusste ich nicht. Er hat mir nur gesagt, dass er ein erfolgreicher Geschäftsmann war.“

„Geschäftsmann ist gut; Beppi hat irgendwelche Verbindungen mit dem Syndikat gehabt. Das weiß hier jeder. Einmal hat man sogar einen Prozess wegen Geldwäsche gegen ihn angestrengt. Da war er gerade Bürgermeister. Aus Mangel an Beweisen wurde er freigesprochen. Bei der nächsten Wahl hat man ihn wiedergewählt. So sind die Leute hier!“

Angelo stützte seinen Kopf in die Hände und schaute Maria entgeistert an. „Dann will ich die Wohnung nicht. Ich gehe morgen zu Beppi und regle das. Nicht mit mir!“

Nicht einmal zwölf Stunden später saß er auf Beppis Terrasse. Den angebotenen Kaffee lehnte er ab.

„Beppi, ich habe so einiges gehört in der Stadt. Angeblich sind die ganzen Wohnungen von dir. Warum hat Herr Pani sie mir verkauft? Wie kommst du an so viel Geld? Was hast du wirklich gemacht?“

„Mein lieber Angelo, mach dir keine Sorgen. Die Leute sind einfältig, neidisch und erzählen viel. Ich hab mein Geld redlich verdient, nur aus steuerrechtlichen Gründen erschien es mir besser, dass die Wohnungen nicht alle auf meinen Namen liefen. Ich hab dir nur einen Gefallen tun wollen, denn du, Angelo, hast mir, solange du mit mir in einer Klasse warst, immer geholfen. Das hab ich nicht vergessen.“

„Was hast du eigentlich genau gemacht, Beppi?“

„Ich war für amerikanische und italienische Firmen im Geldgeschäft tätig, Angelo. Mehr kann ich dazu nicht sagen.“

„Ich glaube, du willst nichts dazu sagen, weil es kein sauberes Geschäft war?“

Beppi zuckte die Schultern: „Ach, Angelo …!“ „Nein, Beppi, ich kenne die biegsame Moral unserer Gesellschaft leider sehr gut und habe einfach eine andere Meinung. Ich möchte von dem Vertrag zurücktreten. Ich werde dir das schriftlich geben. Erst muss ich mit dem Notar sprechen, damit ich weiß, was für Kosten auf mich zukommen."

„Wenn du das wirklich so willst, Angelo, wird dich das nichts kosten. Aber bitte, überlege es noch einmal."

„Und auch wenn es etwas kosten sollte, ich zahle es. Da gibt es nichts zu überlegen. Kannst du mir ein Taxi bestellen?"

„Soll ich dich nicht ...?"

„Nein, es ist mir lieber, du rufst mir ein Taxi."

Noch am Nachmittag vereinbarte Angelo einen Termin mit dem Notar für den nächsten Vormittag. Angelo war früh wach. Er hatte schlecht geschlafen.

Nach dem Frühstück blieben ihm noch fast zwei Stunden bis zum Termin. Er lief die Promenade entlang und setzte sich auf eine Bank an den Strand. Angelo beobachtete, wie späte Fischerboote den nächsten Hafen ansteuerten. Trotz allem war er froh, nach Maiori zurückgekommen zu sein. Die Entscheidung war richtig gewesen. Er liebte diesen Ort. Was auch passieren würde, er wollte hier nicht mehr weg. Gedankenverloren tastete er nach dem Brief in seiner Tasche.

Seine saubere Handschrift war ein wenig krakelig, aber einwandfrei lesbar. Er faltete das Schreiben auf und las seine Bitte um Annullierung des Vertrags noch einmal andächtig durch. Es meldete sich eine undeutliche Erinnerung. Verzweifelt versuchte er, sie ins Bewusstsein heraufzuholen. Plötzlich fühlte er sich müde, unendlich müde. Seine moralische Unantastbarkeit kam ins Schwimmen. Langsam fing er an, den Brief in kleine Schnipsel zu zerreißen.

Die fehlender Saite

Ulyana ist zwölf. Eine der vielen tausend Straßenkinder in Kiew, die seit dem Zerfall der Sowjetunion zu den ersten Opfern der sogenannten Freiheit und Unabhängigkeit in der Ukraine gehören. Ulyana schläft seit zwei Jahren in Kellern, unter Brücken, in der Kanalisation oder in leer stehenden Häusern. Sie hat sich an dieses Leben gewöhnt. Sie bettelt. Sie schnüffelt Klebstoff oder inhaliert abgezapftes Benzin in Konservendosen. Manchmal betrinkt sie sich. Wenn der Hunger zu groß wird, verkauft sie ihren Körper.

Ulyana war zehn, als sie mit ansehen musste, wie ihr Vater ihre Mutter im Suff mit einem Küchenmesser erstach. Da im Waisenhaus kein Platz für sie und ihren vierjährigen Bruder Bohdan zur Verfügung stand, blieb sie mit ihm in der ärmlichen Plattenbauwohnung. Sie ging nicht mehr zur Schule. Sie versorgte sich und ihren Bruder so gut es ging. Sie füllte Regale im Außenlager eines Supermarktes auf und erhielt dafür knapp fünfundzwanzig Euro im Monat. Nicht zuletzt dank der gütigen Hilfe einer Nachbarin kamen die Geschwister einigermaßen zurecht.

Heiligabend passierte es. Es sollte ein Festmahl, eine Soljanka geben. Bohdan, der Gurken liebte, wollte wissen, ob seine Schwester auch welche in die Suppe getan hatte. Er stellte sich auf die Zehen vor den Herd und zog den heißen Topf etwas nach vorne, um hineinzuschauen. In Zeitlupe sah Ulyana, wie es geschah. Während der Topf kippte, schrie sie laut auf. Es war zu spät. Einen Augenblick war sie gelähmt vor Schreck. Bohdan sah schlimm aus, sehr schlimm. Sie rannte zu der Nachbarin und klingelte Sturm: „Es ist etwas Furchtbares passiert. Bohdan ist verbrannt. Was soll ich jetzt tun?"

Die Nachbarin war im Nu bei ihrem Bruder. „Das sieht nicht gut aus. Er muss ins Krankenhaus. Ich laufe schnell nach unten zum Platz und telefoniere."

Die Verbrennung war zweiten bis dritten Grades. Bohdan überlebte. Er würde allerdings für immer gezeichnet bleiben. Nach seiner Entlassung aus dem Krankenhaus bekam er einen Heimplatz im Süden des Landes in der Nähe von Odessa.

Für Ulyana war ein solcher Platz nicht verfügbar. Sie kam zu ihrem Onkel Oleksander. Ulyana kannte ihn kaum, denn ihre Mutter hatte immer vor ihm gewarnt. Zu Recht, wie sich bald herausstellte. Oleksander machte ihr schnell klar, dass sie ihren Aufenthalt verdienen müsste.

Das Geld, das das Mädchen verdiente, reichte dazu nicht aus. Sie arbeitete jetzt ganztägig beim Supermarkt. Die Halle war nicht geheizt, und sie zog sich im Winter eine Lungenentzündung zu, die ihr eine Woche Krankenhaus einbrachte und sie fast zwei Wochen ans Bett fesselte. Sie sah sehr schlecht aus und wog nur noch dreißig Kilo. Ihr Job war bei ihrer Rückkehr anderweitig vergeben. Man hatte einen jungen Mann eingestellt, der seine Arbeit offensichtlich gut erledigte. Sie bekam keine neue Anstellung.

Onkel Oleksander schickte sie auf den Strich. Zunächst vermittelte er sie an Bekannte und Nachbarn. Später sollte sie eine bestimmte Summe erwirtschaften, damit sie weiter bei ihm wohnen bleiben konnte.

In ihrer Verzweiflung wandte Ulyana sich an eine karitative Organisation. Man behandelte sie sehr zuvorkommend und freundlich, aber außer einem Mittagessen und einigen Stunden Spiel mit anderen Kindern konnte man ihr nichts bieten. Immerhin verhalf man ihr zu einem Platz in einem Heim. Nachdem man sie dort zum wiederholten Mal verprügelt hatte, floh sie.

Seit dieser Zeit lebt sie auf der Straße. Sie betäubt sich fast täglich mit Lösungsmitteln, nimmt aber keine Drogen. Sie hatte sich im Krankenhaus mit einem gleichaltrigen Mädchen angefreundet, das an der Nadel hing und beinahe gestorben wäre. Ihre eindringlichen Erzählungen und Warnungen gingen Ulyana nicht aus dem Kopf.

In einer lauen Herbstnacht läuft sie zusammen mit zwei anderen Mädchen und einem kleinen Jungen am rechten Ufer des Flusses entlang. Am linken Ufer des Dnjepr sind sie ungern, denn da treffen sich zu viele Kriminelle, die sich der meist drogenabhängigen Kinder bedienen. Sie schlendern durch Petschersk. In der schönen alten Wohngegend entdecken sie eine heruntergekommene, offenbar unbewohnte Villa, die als Schlafplatz geeignet sein könnte. Ohne Mühe knacken sie das Kellerschloss. Obwohl noch einige alte Möbel vorhanden sind, ist das Haus tatsächlich unbewohnt. Der Strom ist abgeschaltet. Ulyana empfindet die Dunkelheit als weich und warm. Bald schlafen die Kinder selig in den beiden Schlafzimmern, in denen noch Doppelbetten mit Rahmen stehen.

Ulyana ist als Erste wach. Sie steht auf und untersucht das Haus nach einer Wasserquelle. Sie hat sich seit Wochen nicht mehr richtig gewaschen. In der Küche und im Bad ist das Wasser abgestellt. Sie schaut im Keller nach. Da ist es nicht anders. Beim Hinaufgehen sieht sie hinter der Treppe auf einem Regal einen

Kasten liegen. Vorsichtig öffnet sie ihn. Verwundert holt sie eine Geige heraus. Sie hat drei Saiten. Mit einem Finger streicht sie andächtig über die Stahldrähte. Sie lächelt und fasst das Holz an. Vorne ist es teilweise glatt und auf den Seiten etwas rauer. Sie legt ihr Ohr ganz nah ans Holz und zupft nochmals verträumt an den Saiten. Dabei nimmt sie einen einschmeichelnden Klang wahr. Sie spürt, dass ihr das Instrument etwas bedeutet. Sie bringt die Geige mit der Stange, die auch im Kasten liegt, nach oben. Die Mädchen sind wach geworden. „Ah Ulyana", ruft die Ältere, „das ist gut, für das Ding gibt's bestimmt eine Flasche Schnaps." „Das Ding heißt Geige und wird nicht verkloppt. Ich habe sie gefunden, sie gehört mir."

Sie setzt sich in eine Ecke und zupft wieder. Dann nimmt sie die Stange - später wird sie lernen, dass sie Bogen genannt wird - und lässt sie zaghaft über die Saiten gleiten. Schon nach wenigen Wochen spielt Ulyana einige Lieder, die sie früher auf der Straße oder im Radio gehört hat.

Die vier übernachten den ganzen Winter in der Villa. Ulyana übt abends stundenlang und vergisst darüber ihren Hunger.

Nach einigen Monaten findet sie sogar den Mut, auf der Straße zu spielen. Sie hat die Straßenmusiker genau beobachtet. Sie weiß, welche Straßen und Plätze in der Stadt erfolgversprechend sind. Ulyana hat Glück. Manchmal verdient sie in einer Woche mehr als sie im Supermarkt nach einem Monat nach Hause brachte. Sie verbrennt ihren alten löcherigen Pullover und kauft einige neue preiswerte Kleidungsstücke. Einmal in der Woche besucht sie die öffentliche Badeanstalt, wo sie sich ausgiebig duscht. Sie überlegt, aus der Villa auszuziehen, denn eines der Mädchen nimmt seit einigen Wochen Drogen, während der kleine Bub wegen Diebstahls schon zweimal verhaftet wurde. Es ist nur eine Frage der Zeit, bis das nächtliche Lager auffliegt.

Alex Smirnow hatte sich letztes Jahr mit vierundachtzig zur Ruhe gesetzt. Das hätte er zwar schon viel früher machen können, denn er hatte gut verdient und sich schon mit Mitte vierzig ein schönes kleines Stadthaus geleistet. Aber der alte Mann liebte seinen Beruf, und seine Kunden hatten ihn gern. Über die Jahre waren seine Augen allerdings schlechter geworden. Manche Arbeiten konnte er nur noch mit der Lupe verrichten. Da kam ihm die Empfehlung vom Arzt, seinen Beruf aufzugeben, damit seine Augen nicht noch mehr geschädigt wurden, gerade recht.

Seit seine Frau vor einigen Jahren gestorben ist, lebt er allein. Täglich geht er bei Wind und Wetter mit seinem fünfzehn Jahre alten Hund spazieren. Heute ist er auf dem Weg in die Altstadt, um seine Brille aus der Reparatur abzuholen. Da es anfängt zu nieseln, stellt Smirnow sich in einem Geschäftseingang unter. Er will vermeiden, dass der Hund sich erkältet. Plötzlich hört er Musik. Leise klingt eine Geige. Sie ist zwar ein wenig verstimmt ein kratzt etwas, aber das Lied klingt trotzdem sehr melodisch. Smirnow kennt die Melodie. Er kennt fast alle Lieder, die auf der Geige gespielt werden. Etwas ist allerdings merkwürdig, anders als sonst. Er hört genau hin. Dann fällt es ihm wie Schuppen von den Augen. Klar, es wird nur auf drei Saiten gespielt.

Der Regen hat nachgelassen. Der alte Mann und sein Hund verfolgen ihren Weg. Zwanzig Meter weiter sitzt Ulyana in einer Passage. Sie isst ein Stück trockenes Brot.

„Entschuldige, hast du vorhin das Lied gespielt?“
Welches Lied?“

„Die schöne Minka.“

„Ach, so heißt es?“

„Ja, so heißt es. Würdest du es für mich noch mal spielen?“ Ulyana zuckt mit den Schultern, klemmt die Geige unters Kinn und lässt den Bogen über die drei Saiten gleiten. Smirnow sieht und hört ihr zu. Er ist gerührt. Auch sein Hund scheint beeindruckt zu sein. Das Tier hält seinen Kopf schief und verharrt in dieser Lage, bis der letzte Ton verklungen ist.

„Du weißt, dass eine Saite bei deiner Geige fehlt?“ Klar habe ich das gesehen. Die werde ich mir bald leisten können.“

„Ich spendiere sie dir!“

Argwöhnisch schaut sie den alten Herrn an. Der will doch bestimmt was von mir. Nein, das ist es nicht, der ist zu alt.

„Was soll ich dafür tun?“

„Gar nichts. Als Belohnung kannst du mir ein paar Lieder vorspielen.“

Sie schaut ihn großäugig an und streicht sich unschlüssig durch die Haare. Dann packt sie wortlos ihre Geige ein und folgt dem unbekannten alten Mann. Smirnow öffnet die Tür seines kleinen Hauses und lässt sie vorgehen. Ulyana gefällt, was sie sieht. Die Räume sind aufgeräumt und lichtdurchflutet.

„Komm mal mit. Gib mir deine Geige.“

Ein wenig irritiert übergibt sie sie ihm. Smirnow läuft durch einen Hinterhof auf eine stabile Scheune zu und schließt auf. Dieses Mal geht er vor. Ulyana tritt ein und staunt. An den Wänden des Raumes hängen ganze und halbe Geigen. Dutzende von Bögen und Saiten sind säuberlich gekennzeichnet. Sie registriert Kasten und Kästchen, Lacke, Leim und Tücher. Smirnow lächelt sie an: „ Du hast den Richtigen kennengelernt. Ich bin Geigenbauer. Seit fast 70 Jahren. Letztes Jahr habe ich aufgehört.“

Ulyana kann sich nicht satt sehen. Sie taut jetzt auf und will hundert Dinge auf einmal wissen. „Langsam, langsam. Morgen sorgen wir erst mal dafür, dass du eine komplette Geige hast.“ Er bietet dem Mädchen einen Tee an. Wenige Minuten später sitzen sie in dem gemütlichen Wohnzimmer zusammen. „Erzähl mal von dir. Wo kommst du her? Wo hast du Geige spielen gelernt?“

Ulyana fasst nach und nach Vertrauen zu dem alten Mann und berichtet von zuhause, von ihren Eltern, von der Schule, vom Unglück ihres Bruders, vom Heim und der Villa, in der sie jetzt schon seit Monaten lebt. Ihren Onkel und die Männerbekanntschaften, die ihr das Überleben sicherten, erwähnt sie nicht. Sie schämt sich. Smirnow kommt jetzt auf seine eingeforderte Belohnung zurück, und das Mädchen spielt alle Lieder, die es kennt. Zwischenzeitlich ist es dunkel geworden.

„Ich mach dir etwas zu essen“, schlägt Smirnow vor.

„Das kann ich auch“, erwidert Ulyana. „Das hab ich für meinen Bruder jeden Tag gemacht. Sagen Sie mir nur, wo ich alles finde.“

Smirnow räuspert sich: „Du kannst heute Nacht hierbleiben, oben sind noch zwei Zimmer. Du kannst im früheren Kinderzimmer meiner Tochter schlafen. Sie lebt schon seit vielen Jahren in Amerika. Du solltest so spät nicht mehr auf der Straße sein.“

Nach kurzem Bedenken willigt Ulyana ein. Smirnow sitzt noch sehr lange im Wohnzimmer und überlegt, was aus dem Mädchen werden soll. Es ist schon nach Mitternacht. Er hat sich entschieden.

Ulyana ist schon früh auf und hat das Frühstück vorbereitet.

„Wo kommen die Tomaten und der Käse her? Die waren doch nicht im Kühlschrank?“ „Nein“, sagt das

Mädchen, „ich habe sie auf dem Markt gekauft.“

Du hast das Geld doch nicht…?“

„Nein, ich habe es mit meiner Musik verdient.“

Was hast du ausgegeben? Ich gebe es dir wieder.“ Das ist nicht nötig, Sie waren so freundlich und überhaupt ...“ Ihre Stimme stockt. Sie schluckt kurz.

„Was überhaupt?“

„Es …es war, es ist ...sehr nett bei Ihnen. Ich glaube, es war der schönste Tag, an den ich mich erinnern kann.“

Smirnow setzt sich ihr gegenüber.

„Ich habe dir einen Vorschlag zu machen. Kannst du dir vorstellen, bei mir zu bleiben? Du kaufst ein und kochst für mich. In meinem Alter kann man das nicht ewig machen. Ich brauche Hilfe. Meine Augen sind sehr schlecht geworden. Als Gegenleistung biete ich dir Kost, Logis und ein Taschengeld. Und wenn du willst, mache ich dich mit einigen Musikern bekannt. Ich kenne sie fast alle in der Stadt. Du hast Talent. Das sollte man nicht vergeuden.“

Ulyana sieht den alten Mann verlegen an.

„Das geht doch nicht. Ich muss Geld verdienen. Wenn ich genug habe, will ich meinen Bruder im Heim besuchen.“

„Darüber reden wir ein anderes Mal. Zuerst musst du wieder in die Schule. Nur mit einer guten Ausbildung kannst du heute etwas erreichen. Vielleicht kannst du nebenbei Geigenunterricht bekommen. Ich denke da an einen guten Freund. Er hat lange als Geiger bei der Philharmonie gespielt. Außerdem ist er ein hervorragender Lehrer. Er ist pensioniert und schuldet mir etwas. Denk mal darüber nach, während ich die fehlende Saite wieder anbringe.“

Die Botschaft hat Ulyanas Kopf erreicht. Eine Woche später geht sie wieder in die Schule. Sie hat sich im ehemaligen Kinderzimmer eingerichtet und fühlt sich bei Smirnow von Tag zu Tag wohler. Der Haushalt, den sie ihm führt, ist nicht mit viel Arbeit verbunden.

Sie freut sich, dem alten Mann für seine Großzügigkeit etwas zurückgeben zu können.

Im Monat darauf erhält sie ihre erste Geigenstunde von Smirnows Freund. Als Berufsmusiker erkennt er schnell, dass das Mädchen begabt ist. Das Lehren und das Üben macht offensichtlich beiden Spaß, und sie überziehen die vereinbarten Stunden häufig.

Nach einem kurzen Vorspielen bei ihrer Musiklehrerin wird sie im nächsten Frühjahr zum Schulorchester zugelassen.

Nur wenige Jahre später besteht sie die Prüfung für die staatliche Musikhochschule. Ulyana legt ihr Examen mit Auszeichnung ab. Nachdem der Vertrag mit der städtischen Kammerakademie, bei der sie schon während des Studiums als Gast bei Konzerten gespielt hat, unterschrieben ist, holt sie ihren Bruder Bohdan, den sie über die Jahre immer wieder besucht hatte, nach Kiew. Seine Erfahrungen im Heim sind nicht viel besser als ihre gewesen. Immerhin hat er durchgehalten und eine Lehre als Schreiner gemacht.

Stolz sitzt er zusammen mit Ulyanas Förderer, der mittlerweile 98 Jahre alt ist, ganz vorne, als seine Schwester ihr erstes Solokonzert in der Aula der Akademie gibt. Die Zeitung wird am nächsten Tag über „das Ausnahmetalent an der Geige" jubeln. Obwohl er nah an der Bühne sitzt, kann Smirnow sie nicht mehr sehen, er ist fast vollständig erblindet. Aber er kann das atemberaubende Spiel des Wunderkindes hören. Ulyana gibt fünf Zugaben. Obwohl eigentlich völlig unpassend zum klassischen Programm, bringt sie als letztes „die schöne Minka". Dieses Mal spielt sie auf vier Saiten.

Vom gleichen Autor erschienen bei Uni**Scripta**

Peter Luyendyk

UNTERBELICHTET

Ein Kriminalroman – nicht nur für Fotografen

Doris hat die Nase endgültig voll. Sie hasst ihren millionenschweren Gatten, der sie mit seinem Geiz noch in den Wahnsinn treibt. Das Ekelpaket muss „weg"! Doch wie? Sie beginnt Kriminalliteratur zu lesen, findet darin allerdings keine geeignete Methode, ihren Mann aus dem Weg zu räumen. Aber so schnell gibt sie nicht auf. In einem Zeitungsbericht über Selbstmörder, die von der Golden Gate Brücke in San Francisco springen, wird sie schließlich fündig. Sie schlägt ihrem Ehemann, der Hobbyfotograf ist, einen Ausflug zu den Klippen am Meer vor.

Nachdem die ehemüde Frau ihren Mann erfolgreich über die Klippen befördert hat, will sie nun endlich ihr Leben als steinreiche Erbin und lustige Witwe in vollen Zügen auskosten. Doch daraus wird leider nichts ...

Spannung pur und schwarzer Humor par excellence!

ISBN 978-3-942728-01-0

UniScripta

Außerdem erschienen bei Uni**Scripta**

Chris Böhm

DER LETZTE BESUCHER

Kriminalroman

Helen und Sabine, früher Arbeitskolleginnen, haben sich seit Jahren nicht mehr gesehen. Als sie sich zufällig eines Tages in Frankfurt beim Einkaufen in der Kleinmarkthalle über den Weg laufen, ahnen sie nicht, dass es ihre letzte Begegnung sein wird, denn kurz darauf ist Sabine tot.

Kommissar Becker glaubt an ein Beziehungsdrama, aber wo ist das Motiv? Alle Spuren enden im Nichts, denn er übersieht ein entscheidendes Detail.

Die Geschichte eines fatalen Irrtums.

ISBN 978-3-942728-002-7

Wolfgang Ullrich

IM KREIS DER ZWÖLF APOSTEL

Kriminalroman

Der Roman spielt im Großraum Frankfurt am Main. Es ist die Zeit des Mauerfalls und gleichzeitig die Spätzeit der RAF. Als ein prominenter Bankenchef einem Attentat zum Opfer fällt, bekennt sich nach kurzem Schweigen die RAF zu dieser Tat.

Aber gehören die Täter wirklich zu dieser Gruppe, die jetzt in der dritten Generation betont vorsichtig auftritt? Und was hat die weltweite Schuldenkrise der achtziger Jahre, die durch die leichtsinnige Kreditvergabe amerikanischer Banken ausgelöst wurde, mit dem Anschlag zu tun?

ISBN 978-3-942728-03-4

Jule Schwachhöfer
TOD IN DER WETTERAU
Kriminalroman

Der seit vielen Jahren in Deutschland lebende Kroate Josip Galic wird tot aufgefunden. Brutal ermordet. Abgelegt auf einer Koppel nahe der A5 bei Friedberg. Familie, Freunde und Kollegen sind fassungslos. Unvorstellbar, dass er Feinde hatte! Die Kripo Friedberg ermittelt fieberhaft in viele Richtungen. Führte der Mann ein Doppelleben?

Ein Kriminalroman frei nach einer wahren Begebenheit.

ISBN 978-3-942728-07-2

Monika Hoßfeld
VERGESSENE KINDHEIT
Kriminalroman

Was geschah im Keller von Giselas Elternhaus? Die erfolgreiche Bankkauffrau wird nach einem Fortbildungsseminar in Stuttgart mit längst verdrängten Erlebnissen aus ihrer Kindheit konfrontiert. Ihr geregeltes Leben gerät aus den Fugen. Als sie wieder zurück in Hamburg ist, erkrankt sie und sucht Hilfe in einer Psychotherapie.

Währenddessen ermittelt die Stuttgarter Kriminalpolizei in einem ungeklärten Todesfall und stößt auf Hinweise, die dem Fall eine unerwartete Wendung geben und Giselas Erkrankung in einem völlig neuen Licht erscheinen lassen.

ISBN 978-3-942728-06-5